PICTURE DICTIONARY

GERMAN-ENGLISH

GERMAN-ENGLISH PICTURE DICTIONARY

Copyright © 1990, 1992, Éditions Rényi Inc.

Illustrated by Kathryn Adams, Pat Gangnon, Colin Gillies, David Shaw and Yvonne Zan.
Designed by David Shaw and Associates.

Typesetting by Osgoode Technical Translations.

Color separations by New Concept Limited.

Printed in Canada by Metropole Litho Inc.

English-language editors: P. O'Brien-Hitching, R. LeBel, P. Renyi, K. C. Sheppard

German editors: R. Fuhrman, C. Gunsch, L. Kruse

Originally published by Éditions Rényi Inc., Toronto, Canada

Distributed exclusively in trade and education in the United States of America by Langenscheidt Publishers, Inc., Maspeth, New York 11378

	Hardcover	ISBN 0-88729-852-4
	Softcover	ISBN 0-88729-858-3

Distributed outside the USA by Éditions Rényi Inc., Toronto, Canada

	Hardcover	ISBN 0-921606-20-6
	Softcover	ISBN 0-921606-98-2

INTRODUCTION

Some of Canada's best illustrators have contributed to this Picture Dictionary, which has been carefully designed to combine words and pictures into a pleasurable learning experience.

Its unusually large number of terms (3336) makes this Picture Dictionary a flexible teaching tool. It is excellent for helping young children acquire language and dictionary skills. Because the vocabulary it encompasses is so broad, this dictionary can also be used to teach new words to older children and adults as well. Further, it is also an effective tool for teaching English as a second language.

THE VOCABULARY

The decision on which words to include and which to leave out was made in relation to three standards. First, a word-frequency analysis was carried out to include the most common words. Then a thematic clustering analysis was done to make sure that words in common themes (animals, plants, activities etc.) were included. Finally, the vocabulary was expanded to include words which children would likely hear, ask about and use. This makes this dictionary's vocabulary more honest than most. 'To choke', 'greedy', 'to smoke' are included, but approval is withheld.

This process was further complicated by the decision to *systematically* illustrate the meanings. Although the degree of abstraction was kept reasonably low, it was considered necessary to include terms such as 'to expect' and 'to forgive', which are virtually impossible to illustrate. Instead of dropping these terms, we decided to provide explanatory sentences that create a context.

Where variations occur between British and North American English, both terms are given, with an asterisk marking the British version (favor/favour*, gas/petrol*).

USING THIS DICTIONARY

Used at home, this dictionary is an enjoyable book for children to explore alone or with their parents. The pictures excite the imagination of younger children and entice them to ask questions. Older children in televisual cultures often look to visual imagery as an aid to meaning. The pictures help them make the transition from the graphic to the written. Even young adults will find the book useful, because the illustrations, while amusing, are not childish.

The dictionary as a whole provides an occasion to introduce students to basic dictionary skills. This work is compatible with school reading materials in current use, and can serve as a 'user-friendly' reference tool.

Great care has been taken to ensure that any contextual statements made are factual, have some educational value and are compatible with statements made elsewhere in the book. Lastly, from a strictly pedagogical viewpoint, the little girl featured in the book has not been made into a paragon of virtue; young users will readily identify with her imperfections.

AN MEINE NEUEN FREUNDE

Ich heiße Ulli. Ich bin ein kleines Mädchen. Ich gehe in die Schule und ich lerne schwimmen. Ich habe auch einen kleinen Bruder und eine Menge Ideen! Wenn du meinen Vater, den Admiral, kennenlernen möchtest, schau auf die rechte Seite. Dort wirst du ihn ganz unten finden. Meine Mutter ist auf der nächsten Seite oben. Wenn du mich kennenlernen willst, such mich beim Wort "calm".

Es gibt Leute, die glauben, Wörterbücher sind fad. Die haben wahrscheinlich dieses Wörterbuch nie gesehen – ein Wörterbuch, in dem es sich um mich und um die Leute, die ich kenne, handelt.

Fünf erwachsene Zeichner haben das Wörterbuch illustriert und dabei viel Spaß gehabt. Ich habe eine der Abbildungen (das Zebra) selbst gemacht. Kannst du sie finden?

Ich muß jetzt gehen. Such mich im Wörterbuch.

Ulli

P.S. Wenn du mir über unser Wörterbuch schreiben möchtest, frag deine Eltern oder deinen Lehrer um meine Adresse.

der Abakus

1   abacus

über, ungefähr, um

Erzähl mir darüber.
Es dauert ungefähr eine Stunde.
Hans kümmerte sich um seine Arbeit.

Tell me about it.
It takes about an hour.
Hans went about his work.

2   about

Der Apfel ist über ihrem Kopf.

3   above

Paul ist heute abwesend: er fehlt.

4   absent

Jedes Auto hat ein Gaspedal.

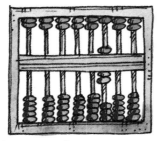

5   accelerator

der Akzent, die Betonung

Artur spricht mit einem deutschen Akzent.
Die Betonung ist auf der ersten Silbe.

Arthur speaks with a German accent.
The accent is on the first syllable.

6   accent

der Unfall

7   accident

die Ziehharmonika

8   accordion

Alle beschuldigen Eva.

9   to accuse

das Pik-As

10   ace

Mein Kopf tut weh.

11   My head aches.

Säure brennt die Haut.

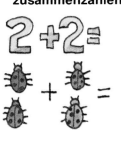

12   acid

Aus winzigen Eicheln wachsen mächtige Eichen.

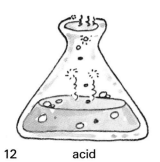

13   acorn

die Akrobatin

14   acrobat

gegenüber, durch

Paul wohnt gegenüber.
Er muß durch den Bach waten.

Paul lives across the street.
He has to wade across the creek.

15   across

addieren, zusammenzählen

16   to add

Das ist Ullis Adresse.

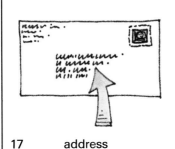

17   address

Ullis Vater ist ein Admiral.

18   admiral

Ich liebe dich über alles.

19   to adore

der Erwachsene

20   adult

Zieh mit dem König **vorwärts**.

21   to advance

Ist es **ein Vorteil**, groß zu sein?

22   advantage

Ullis Mutter liebt **Abenteuer**.

23   adventure

Er **hat Angst**.

24   He is **afraid**..

Afrika ist ein Kontinent.

25   Africa

nach

Du darfst **nach** dem Essen spielen.
Sprich mir **nach**!
Lauf dem Ball **nach**!

You can play after dinner.
Repeat after me!
Go after the ball!

26   after

Der Nachmittag beginnt um 12 Uhr.

27   afternoon

noch einmal, wieder

Spiel es **noch einmal**!
Dann **wieder** könntest
du auch mal etwas anderes
spielen.

Play it again!
Then again, you could play
something different.

28   again

Mieze streicht Kurt um die Beine.

29   to rub **against**

Welch ein
Altersunterschied!

30   age

Athleten sind sehr
gelenkig.

31   agile person

gestrandet

32   aground

vor, voraus

In der Schule sitzt Helene
vor Otto.
Plane deine nächsten
Ferien im **voraus**.

Helen sits ahead of Otto in
school.
Plan ahead for your next
holiday.

33   ahead

zu **Hilfe** kommen

34   to provide **aid**

Zielt sie genau?

35   to aim

Der Drachen fliegt durch
die Luft.

36   air

die Luftmatratze

37   air mattress

Das Insekt ist in einem
luftdichten Gefäß.

38   airtight

das Flugzeug

39   airplane/aeroplane*

Flugzeuge landen am **Flughafen**.	**der Gang**	**der Wecker**	**das** Photo**album**
40 airport	41 aisle	42 alarm clock	43 album
Das Haus steht **in Flammen**.	Einer der Fische ist noch **lebendig**.	Ich will sie **alle**.	Eine Katze streicht um **die Gasse** herum.
44 alight	45 alive	46 I want them **all**.	47 alley
der Alligator	**die Mandel**	Rex kann den Knochen **fast** schnappen.	Warum sitzt er **allein**?
48 alligator	49 almond	50 almost	51 alone
Hugo und Else spazieren dem Ufer **entlang**.	**laut**	**das Alphabet** ABCDEFGHIJKLM NOPQRSTUVWXYZ abcdefghijklm nopqrstuvwxyz	Muß ich **schon** gehen?
52 along	53 aloud	54 alphabet	55 Do I have to go **already**?
Es tut weh, aber ich bin **okay**.	Ich möchte **auch** davon.	die **Aluminium**leiter	Ich falle **immer** hin.
56 I am **alright**.	57 I **also** want some.	58 aluminum/aluminium* ladder	59 I **always** fall down.

der Krankenwagen, das Krankenauto, die Ambulanz	der Wolf **unter** den Schafen	**der Anker**	**uralt**
60 ambulance	61 wolf **among** sheep	62 anchor	63 ancient
der Winkel	Er ist **böse**.	**die Tiere**	**der Knöchel**
64 angle	65 He is **angry**.	66 animals	67 ankle
verkünden	**noch ein** belegtes Brot	**Die Antwort** ist. . .	**die Ameise**
68 to **announce**	69 **another** sandwich	70 The **answer** is…	71 ant
die Antarktis	**die Antilope**	**das Geweih**	Ich habe kein Geld.
72 Antarctic	73 antelope	74 antlers	75 I do not have **any** money.
Sie frißt alles.	Er kann nirgends hin.	Eine Weinbeere liegt **abseits**.	**der Affe**
76 It eats **anything**.	77 He cannot go **anywhere**.	78 apart	79 ape

der Bienenstand

80   apiary

sich entschuldigen

Wenn man sagt: 'Es tut mir leid'', **entschuldigt** man **sich**.
Ich **entschuldige mich** für meine Verspätung.

To apologize means to say you are sorry.
I apologize for being late.

81 to apologize/apologise*

scheinen, erscheinen

Er **erschien** aus heiterem Himmel.
Es **scheint** zu schneien.
Die Königin **erschien** im Fernsehen.

He appeared out of nowhere.
It appears to be snowing.
The Queen appeared on television.

82   to appear

applaudieren

83   to applaud

der Apfel

84   apple

der Apfelbutzen

85   apple core

sich nähern, näherkommen

86   to approach

die Aprikose, die Marille

87   apricot

Aprilregen bringt Maisegen.

88   April

die Schürze

89   apron

das Aquarium

90   aquarium

der Bogen

91   arch

der Architekt

92   architect

Es ist sehr kalt in der **Arktis**.

93   Arctic

(sich) streiten

94   to argue

der Arm

95   arm

der Sessel

96   armchair

Olaf trägt **eine Rüstung**.

97   armor/armour*

die Achselhöhle

98   armpit

um, rings um

Rund **um** die Welt in 80 Tagen.
Der See ist **rings um** die Insel.
Adam ging **um** die Ecke.

Around the world in 80 days.
The lake is all around the island.
Adam went around the corner.

99   around

Blumen arrangieren 100 to **arrange** flowers	Die Polizei **verhaftete** Fritz. 101 to **arrest**	**hereinkommen, ankommen** 102 to **arrive**	**der Pfeil** 103 arrow
die Artischocke 104 artichoke	**der Künstler** 105 artist	**so, wie** **So** bald du willst. Schön **wie** ein Bild. *As soon as you like.* *As pretty as a picture.* 106 as	**die Asche** 107 ash
der Aschenbecher 108 ashtray	**Asien** ist ein Kontinent. 109 Asia	jemanden nach dem Weg **fragen** 110 to **ask** for directions	Marie und Mieze schlafen beide fest. 111 asleep
der Spargel 112 asparagus	Zwei **Aspirin**tabletten könnten helfen. 113 aspirin	Josef hat Grete mit seinen Leistungen **erstaunt**. 114 to **astonish**	**der Astronaut** 115 astronaut
der Astronom 116 astronomer	**zu** Helene ist mit ihrem Vati **zu** Hause. Sie schauen das Bild an. Geh sofort schlafen! *Helen is at home with her dad.* *They are looking at the picture.* *Go to bed at once!* 117 at	**die Athletin** 118 athlete	**der Atlas** 119 atlas

die Atmosphäre 120 atmosphere	**das Atom** 121 atom	**festmachen, fesseln** 122 to attach	**Paß auf!** 123 Pay attention!
die Dachstube 124 attic	**das Publikum** 125 audience	**August** ist ein Sommermonat. 126 August	Meine **Tante** ist die Schwester meiner Mutter. 127 My aunt is my mother's sister.
Australien ist ein Inselkontinent. 128 Australia	**der Autor** 129 author	eine **automatische** Weckvorrichtung 130 automatic	**der Herbst** 131 autumn
die Lawine 132 avalanche	**die Avocado** 133 avocado	Warum ist Fritz **wach**? 134 awake	Sie ist **weg**. 135 She is away.
ein **furchtbarer** Geruch 136 an awful smell	eine **unbeholfene** Person 137 an awkward person	**die Axt** 138 axe	**Die Achse** verbindet die beiden Räder. 139 axle

Babys sind herzig.

140   baby

der Kinderwagen

141   baby carriage/pram*

Kratz mir den **Rücken**!

142   back

Eier mit **Speck**

144   bacon and eggs

ein **schlechter** Apfel

145   bad apple

das Abzeichen

146   badge

rückwärtsfahren

143   to back up

Was ist in **der Tasche** drin?

147   bag

Der Köder lockt die Maus in die Falle.

148   bait

backen

149   to bake

der Bäcker

150   baker

die Bäckerei

151   bakery

gutes **Gleichgewicht**

152   good balance

der Balkon

153   balcony

Gerd ist **kahl**.

154   bald

der Ball

155   ball

die Ballerina

156   ballerina

das Ballett

157   ballet

der Ballon

158   balloon

der Heißluft**ballon**  159 hot air **balloon**	**die Banane** 160 banana	**das Band, das** Stirn**band** 161 band	**die** Musik**kapelle** 162 musical **band**
Mit **dem Verband** fühlt er sich besser. 163 bandage	**zusammenschlagen** 164 to bang	**das Treppengeländer** hinunterrutschen 165 banister	Hast du ein Konto bei der **Bank**? 166 bank
die Stange 167 bar	Eine **Bar** ist nur für Erwachsene! 168 bar/pub*	**der Stacheldraht** 169 barbed wire	**Der Friseur** schneidet Robert die Haare. 170 barber
ein **bloßer** Fuß 171 one **bare** foot	ein Gelegenheitskauf 172 bargain	**der** Lastkahn, **der** Frachtkahn 173 barge	**bellen** 174 to bark
Die Gerste ist eine Getreideart. 176 barley	**die Scheune** 177 barn	Soldaten wohnen in **Kasernen**. 178 barracks	**die Rinde, die Borke** 175 bark

ein Faß Olivenöl

179   barrel

der Lauf einer Pistole

180   barrel

die Haarspange

181   barrette/hair slide*

die Schranke

182   barrier

der Sockel einer Säule

183   base

die Base

184   base

Baseball

185   baseball

der Keller

186   basement/cellar*

die Basilie, das Basilienkraut

187   basil

der Korb

188   basket

der Korbball, der Basketball

189   basketball

zwei verschiedene **Schläger**

190   bats

Ich nehme **ein Bad.**

192   I am having a bath.

das Badezimmer

193   bathroom

die Badewanne

194   bathtub

Fledermäuse sind nachts munter.

191   bat

eine **Batterie** für dein Radio

195   battery

die Bucht

196   bay

Mutti würzt mit **Lorbeerblättern.**

197   bay leaves

der Basar

198   bazaar

sein

Versprichst du, brav zu **sein**?
Ich **bin** brav.
Gerd und Franz **sind** brav,
aber **ist** Ulli brav?

Do you promise to be good?
I am good.
Gerd and Franz are good but
is Ulli good?

199 to be

der Strand

200 beach

eine volle **Perlen**kette

201 bead

der Schnabel

202 beak

der Licht**strahl**

203 beam of light

grüne **Bohnen**

204 beans

Fridolin, **der Bär**, kann radfahren.

205 bear

ein langer **Bart**

206 beard

Was für **ein** scheußlich aussehendes **Tier**!

207 beast

Nelly **schlägt** die Trommel.

208 to beat

Ist sie nicht **schön**?

209 beautiful

der Biber

210 beaver

Ich weine, **weil** . . .

211 I am crying because...

Aus der Raupe **wird** ein Schmetterling.

212 to become

das Bett

213 bed

die Bettlampe, die Leselampe

214 bed lamp/reading light*

das Schlafzimmer

215 bedroom

Die Biene ist ein nützliches Insekt.

216 bee

Die Buche ist eine Baumart.

217 beech

Bienen leben in **Bienenstöcken**.

218 beehive

ein Krug **Bier**, ein Seidel **Bier**	**Rote Rüben** wachsen unter der Erde.	**der Käfer**	Wasch dir die Hände **vor** dem Essen.
219 beer	220 beet/beetroot*	221 beetle	222 Wash your hands **before** dinner.
betteln	**anfangen** — Ullis Klavierstunde **fängt** um zehn Uhr **an**. Wir müssen **anfangen**, Englisch zu lernen. *Ulli's piano lesson begins at ten o'clock. We must begin to learn English.*	Alice **benimmt sich** gut.	Julie versteckt sich **hinter** dem Baum.
223 to **beg**	224 to **begin**	225 to **behave**	226 behind
beige	Ich **glaube**, ich wäre ein guter Drachenfänger.	**die Glocke**	**der Nabel**
227 beige	228 I **believe** in dragons.	229 bell	230 belly button
Er **gehört** mir.	Die Katze ist **unter** dem Tisch.	**der Gürtel**	**die Bank**
231 He **belongs** to me.	232 below	233 belt	234 bench
Die Straße macht **eine Kurve**.	**biegen**	**die Baskenmütze**	Gusti steht **neben** dem Baum.
235 bend	236 to **bend**	237 beret	238 beside

außer, außerdem

Du solltest **außer** dem Nachtisch sonst noch etwas essen.
Außerdem solltest du nicht soviel Zucker essen.

You should eat something else besides dessert.
Besides, you should not eat so much sugar.

239   besides

die Beste

240   best

besser

Betty schreibt **besser** als Gerd.
Gerd ist faul, er kann **Besseres** leisten.

Betty writes better than Gerd.
Gerd is lazy, he can do better.

241   better

Philipp steht zwischen zwei Felsblöcken.

242   between

das Lätzchen

243   bib

das Fahrrad

244   bicycle

groß

245   big

das Fahrrad, das Rad

246   bike

die Banknote

247   bill/banknote*

die Reklametafel

248   billboard/hoarding*

Billard ist ein Spiel.

249   billiards/snooker*

zubinden

250   to bind/tie up*

das Fernglas

251   binoculars

der Vogel

252   bird

die Geburt

Ulli hat bei ihrer **Geburt** drei Kilo gewogen.
Die Katze hat vier Junge bekommen.

Ulli weighed three kilos at birth.
The cat gave birth to four kittens.

253   birth

Es ist mein Geburtstag!

254   birthday

das Plätzchen

255   biscuit

Friedrich beißt ein Stück ab.

256   to bite

Das war ein grosser Bissen.

257   bite

bitter

Bier hat einen **bitteren** Geschmack.
Ulli weinte **bittere** Tränen, als sie ihre Lieblingspuppe verlor.

Beer has a bitter taste.
Ulli wept bitter tears when she lost her favorite doll.

258   bitter

schwarz

259   black

die Brombeere

260   blackberry

die Amsel

261   blackbird

Wer hat diese Figur an **die Tafel** gezeichnet?

262   blackboard

die schwarze Johannisbeere

263   blackcurrant

der Schmied

264   blacksmith

Die Klinge ist scharf.

265   blade

die Schuld geben

Vati hat Ulli **die Schuld gegeben**, aber sie ist unschuldig.
Vati sollte Gustav **die Schuld geben**.

Dad blamed Ulli, but she is innocent.
Dad should blame Gustav.

266   to **blame**

eine **leere** Seite

267   **blank** page

die Decke

268   blanket

die Explosion

269   blast

sprengen

270   to **blast**

Die Feuerwehr löscht den **Brand**.

271   blaze

der Blazer

272   blazer

Die Bleiche hilft beim Wäschewaschen.

273   bleach

Sie **blutet** aus der Nase.

274   to **bleed**

der Mixer, das Mixgerät

275   blender

Wer **blind** ist, kann nicht sehen.

276   blind

blinzeln

277   to **blink**

Blasen tun weh!

278   blister

der Schneesturm

279   blizzard

Spielst du mit **Bausteinen**?

280   block

ein Häuser**block**

281   block

Der Polizist **verstellt** Ernst den Weg.

282   to block

blondes Haar

283   blond/blonde*

eine **Blut**transfusion, eine **Blut**übertragung

284   blood

Die Blume ist in voller **Blüte**.

285   bloom

blühen

286   to blossom

ein Tinten**fleck**

287   blot

die Bluse

288   blouse

ein Schlag auf den Kopf

289   a **blow** to the head

blasen

290   to blow

blau

291   blue

die Blaubeeren

292   blueberries

stumpf, direkt

Dieses Messer ist zu **stumpf**, um die Tomate zu zerschneiden.
Alice war ihm gegenüber sehr **direkt**.

This knife is too blunt to cut the tomato.
Alice was very blunt with him.

293   blunt

Kora **wird** leicht **rot**.

294   to blush

der Eber

295   boar

die Holzplatte

296   board

prahlen, sich rühmen

Christoph **prahlt** gern.
Er kann **sich** nicht der Bescheidenheit **rühmen**.

Christoph likes to boast.
His modesty is nothing to boast about.

297   to boast

das Boot

298   boat

die Haarklammer
299 bobby pin/hairgrip*

der Körper
300 body

kochen, sieden
301 to boil

der Bolzen
302 bolt

ein Knochen für meinen Hund
303 bone

das Lagerfeuer
304 bonfire

das Buch
305 book

das Bücherregal
306 bookshelf

der Bumerang
307 boomerang

der Stiefel
308 boot

die Grenze zwischen zwei Ländern
309 border

Es ist schwer, in Beton ein Loch zu bohren.
310 to bore

geboren
In welchem Jahr bist du geboren?
Sie ist eine geborene Führerin.

What year were you born?
She is a born leader.

312 born

ausborgen, borgen
Kann ich mir von dir etwas Geld borgen?
Ulli borgt sich oft das Fahrrad ihres Bruders aus.

Can I borrow some money?
Ulli often borrows her brother's bicycle.

313 to borrow

der Chef
314 boss

langweilen
Ulli kann einen zu Tode langweilen.
Franz langweilt mich, weil er zuviel redet.

Ulli can bore people to death.
Franz bores me because he talks too much.

311 to bore

beide
Günter und Dieter sind beide herzig.
Sowohl heute als auch morgen.

Günter and Dieter are both cute.
Both today and tomorrow.

315 both

die Flasche
316 bottle

der Flaschenöffner
317 bottle opener

der Boden
318 bottom

der Felsblock 319 boulder	**springen, aufprallen** 320 to bounce	**ein Blumenstrauß** 321 bouquet	**Pfeil und Bogen** 322 bow
die Schüssel 324 bowl	**Was ist in der Schachtel drin?** 325 box	**der Boxer** 326 boxer	**die Fliege** 323 bow tie
der Junge 327 boy	**der Büstenhalter** 328 bra	**das Armband** 329 bracelet	**angeben, prahlen** Karla **gibt** mit ihren neuen Spielsachen **an**. Ihr Vati sagt ihr, sie soll nicht so **prahlen**. *Karla brags about her new toys.* *Her father tells her not to brag.* 330 to brag
das Gehirn 331 brain	**Jedes Auto hat Bremsen.** 332 brake	**bremsen** 333 to brake	**der Zweig** eines großen Baumes 334 branch
tapfer Der Zahnarzt sagt, du bist sehr **tapfer**. *The dentist says you are very brave.* 335 brave	**das Brot** 336 bread	**zerbrechen** 337 to break	**eine Panne haben** 338 to break down

Ein Räuber ist eingebrochen.	**das Frühstück**	übelriechender **Atem**	**atmen**
339　to break in	340　breakfast	341　breath	342　to breathe
Ist dein Haus aus **Ziegeln** gebaut?	Pauline ist **eine Maurerin**.	**Die Braut** ist schüchtern.	**Der Bräutigam** ebenso.
343　brick	344　bricklayer	345　bride	346　bridegroom
die Brücke	**der Zaum**	**die Aktentasche**	**strahlende** Sonne
347　bridge	348　bridle	349　briefcase	350　bright sun
Rex **bringt** meine Hausschuhe.	Ulli **bringt** die Bücher **zurück**.	**zerbrechliches** Glas	**die Brokkoli**
351　to bring	352　to bring back	353　brittle glass	354　broccoli
die Brosche	**Ein Bach** ist ein kleiner Fluß.	**der Besen**	Ich habe meinen **Bruder** gern.
355　brooch	356　brook	357　broom	358　I love my brother.

die Augenbraue

359　　brow

braun

360　　brown

Albert muß sich die Haare **bürsten.**

362　　to brush

die Bürste

363　　brush

Das ist **ein** arger **blauer Fleck.**

361　　bruise

der Rosenkohl

366　brussels sprouts

der Pinsel

364　　paintbrush

die Zahnbürste

365　　toothbrush

**die Blase,
die** Seifen**blase**

367　　bubble

der Eimer

368　　bucket

die Gürtel**schnalle**

369　　belt buckle

die Knospe

370　　bud

der Büffel

371　　buffalo

der Käfer

372　　bug

das Horn

373　　bugle

bauen

374　　to build

der Stier

375　　bull

der Bulldozer

376　　bulldozer

Kugeln sind gefährlich.

377　　bullet

das Megaphon

378　bullhorn/megaphone*

Karl ist **ein** arger **Raufbold**.	**die Beule**	**die Stoßstangen**	**ein Bund** Spargel
379 bully	380 bump	381 bumpers	382 bunch
das Bündel	**die Boje**	**der Einbrecher**	Das Feuer **brennt** lichterloh.
383 bundle	384 buoy	385 burglar	386 to burn
Sein Ballon **ist geplatzt**.	**eingraben, begraben**	der Autobus, der Bus	**die Bushaltestelle**
387 to burst	388 to bury	389 bus	390 bus stop
Ein Busch ist kleiner als ein Baum.	Ich bin gerade **beschäftigt**.	**aber** Ich würde gern gehen, **aber** ich habe keine Zeit. Paul ist groß, **aber** seine Schwester ist größer. *I would like to go, but I am busy.* *Paul is big, but his sister is bigger.*	**der Fleischer, der Metzger**
391 bush	392 I am **busy** now.	393 but	394 butcher
Butter für mein Brot	**der Schmetterling**	**die Knöpfe**	Philipp **kauft** sich ein Eis.
395 butter	396 butterfly	397 buttons	398 to buy

der Kohl
399   cabbage

eine kleine **Hütte**
400   cabin

die Kommode
401   cabinet

das Kabel
402   cable/lead*

der Kaktus
403   cactus

der Käfig
404   cage

die Torte
405   cake

die Rechenmaschine
406   calculator

der Kalender
407   calendar

das Kalb
408   calf

rufen
409   to **call**

Ulli ist **ruhig**.
412   She is **calm**.

das Kamel
413   camel

die Kamera
414   camera

absagen

Wir werden das Picknick **absagen**, wenn es regnet. Ulli hat unseren Ausflug **abgesagt**.

*We will call off the picnic if it rains.
Ulli has called off our trip.*

410   to **call off**

Erika und Heidi **campen** allein. Sie **zelten** allein.
415   to **camp**

der Zeltplatz
416   campsite

die Dose, die Büchse
417   can

anrufen
411 to **call up/to phone***

der Dosenöffner

418 can opener/tin* opener

Ein Schiff fährt durch **den Kanal**.

419 canal

der Kanarienvogel, der Kanari

420 canary

die Kerze

421 candle

der Kerzenleuchter

422 candlestick

die Bonbons, die Zuckerln

423 candy/sweets*

Der Mann stützt sich auf seinen **Stock**.

424 cane/walking stick*

die Kanone

425 cannon

Ich **kann nicht** sehen.

426 I cannot see.

das Kanu

427 canoe

die Honigmelone

428 cantaloupe

Der Fluß fließt durch den **Cañon**.

429 canyon

die Kappe

430 cap

das Kap

431 cape

das Cape

432 cape

der Großbuchstabe

G

433 capital

Er ist **der Kapitän** seines Schiffes.

434 captain

fangen, einfangen

435 to capture

das Auto, der Wagen

436 car

Die Karawane durchquert die Wüste.

437 caravan

die Karten	**der Pappdeckel, der Pappendeckel**	Die Schwester **sorgt** für die Kranken.	Er ist **unvorsichtig**.
438　cards	439　cardboard	440　to care	441　He is careless.
die Fracht	**die Nelke**	**Der Karneval** ist ein ganz großes Fest.	**der Tischler, der Schreiner.**
442　cargo	443　carnation	444　carnival	445　carpenter
der Teppich	**der Kinderwagen**	**die Möhre, die Karotte**	Herr Braun **trägt** eine schwere Last.
446　carpet	447　carriage/pram*	448　carrot	449　to carry
der Karren	**ein Karton** Schrauben	**tranchieren**	**die Kiste**
450　cart	451　carton	452　to carve	453　case
das Bargeld	**die Cashewnüsse**	**die Burg, das Schloß**	**die Katze**
454　cash	455　cashew nuts	456　castle	457　cat

der Katalog

458   catalog/catalogue*

fangen

459   to catch

jemanden **einholen**

460   to catch up with

die Raupe

461   caterpillar

eine Herde **Vieh**

462   cattle

der Kessel

463   cauldron

der Blumenkohl, der Karfiol

464   cauliflower

die Kavallerie

465   cavalry

Lebt ein Bär in dieser **Höhle**?

466   cave

die Decke, der Plafond

467   ceiling

feiern

468   to celebrate

die Sellerie

469   celery

Dein Körper besteht aus **Zellen**.

470   cell

der Keller

471   cellar

der Zement

472   cement

der Mittelpunkt

473   center/centre*

Ein Meter hat 100 **Zentimeter**.

474   centimeter/centimetre*

der Hundertfüßer

475   centipede

das Jahrhundert

Ein Jahrhundert hat hundert Jahre.

A century has one hundred years.

476   century

die Maisflocken

477   cereal

sicher, gewiß

Ulli ist **sicher**, dass sie recht hat.
Aber Peter has **gewisse** Bedenken.

Ulli is certain that she is right.
But Peter has certain doubts.

478   certain

das Zeugnis, die Bescheinigung, die Urkunde

479   certificate

die Kette

480   chain

die Kettensäge

481   chainsaw

der Stuhl

482   chair

die Kreide

483   chalk

die Meisterin, der Champion.

484   champion

das Kleingeld

485   change

die Fahrrinne, der Kanal

487   channel

Dieses Buch hat viele Kapitel.

488   chapter

der Charakter, das Schriftzeichen

Ulli hat **einen** starken **Charakter**.
Was bedeutet dieses chinesische **Schriftzeichen**?

Ulli has a strong character.
What does this Chinese character mean?

489   character

Karl **hat sich umgezogen**.

486   to change

die Holzkohle

490   charcoal

der Mangold

491   chard

anklagen, aufladen

Die Polizei hat Fritz wegen Einbruchs **angeklagt**.
Vati hat vergessen, die Batterie **aufzuladen**.

The police charged Fritz with robbery.
Father forgot to charge the battery.

492   to charge

der Streitwagen

493   chariot

das Diagramm, die Tabelle

494   chart

nachlaufen

495   to chase

plaudern

496   to chat

ein **billiger** Bleistift, eine teuere Krone

497   cheap pencil, expensive crown

Josef versucht, zu **schwindeln**.	**nachschauen, abgeben** Hast du heute früh in deiner Schultasche **nachgeschaut**? Bitte **gib** deinen Mantel am Eingang **ab**. *Did you check your school bag this morning? Check your coat at the entrance, please.*	**die Wange, die Backe**	**Käse** wird aus Milch gemacht.
498 to cheat	499 to **check**	500 cheek	501 cheese
der Scheck	**die Kirschen**	**die** nackte **Brust, die** bloße **Brust**	**die Kastanie**
502 cheque*/check	503 cherries	504 chest	505 chestnut
Kaue gut, bevor du schluckst.	**die Kichererbsen**	**das Huhn**	**die Windpocken**
506 to chew	507 chick peas	508 chicken	509 chicken-pox
Der Oberbefehlshaber salutiert.	**das Kind**	ein **frostiger** Tag	**der Schornstein**
510 chief	511 child	512 a **chilly** day	513 chimney
der Schimpanse	**das Kinn**	**das Porzellan**	Beim Holzfällen fliegen nur so **die Späne**.
514 chimpanzee	515 chin	516 china/crockery*	517 chip

Der Bildhauer verwendet **einen Meißel**.

518   chisel

der Schnittlauch

519   chives

eine Schokoladentafel

520   chocolate

Singst du in **einem Chor**?

521   choir

Jemanden **würgen** kann böse Folgen haben.

522   to choke

Peter **ist an** einer Gräte fast **erstickt**.

523   to choke on

Welches soll ich mir **aussuchen**?

524   to choose

Zwiebeln **hacken**

525   to chop

die Eßstäbchen

526   chopsticks

eine **Chrom**stoßstange

527   chrome

die Chrysantheme

528   chrysanthemum

ein Klumpen Kohle

529   a chunk/lump* of coal

Diese **Zigarre** stinkt!

530   cigar

Zigaretten machen einen krank.

531   cigarette

der Kreis

532   circle

der Zirkus

533   circus

Lebst du in **einer** großen **Stadt**?

534   city

Die Muschel lebt in ihrer Schale.

535   clam

Die Zwinge hält die zwei Bretter zusammen.

536   clamp

klatschen, applaudieren

537   to clap

das Klassenzimmer

538   classroom

Die Krabbe hat starke **Scheren**.

539   claw

der Lehm

Ziegel werden aus **Lehm** gebacken.
Man kann auch Töpfe und Geschirr aus **Lehm** machen.

Clay is used to make bricks. You can also make pots and dishes out of clay.

540   clay

Sie ist **sauber** von Kopf bis Fuß.

541   She is all **clean**.

Tante Betty **räumt** den Tisch **ab**.

542   to clear

die Klippe

543   cliff

Der Bergsteiger **klettert** bis zum Gipfel.

544   to climb

die Klinik

545   clinic

abschneiden

546   to clip

die Uhr

547   clock

zumachen, schließen

548   to close

Hältst du deinen **Wandschrank** in Ordnung?

549   closet/cupboard*

das Tuch, der Stoff

Kleider werden aus **Stoff** gemacht.
Auf dem Tisch ist **ein** Tisch**tuch**.

Clothes are made out of cloth.
There is a tablecloth on the table.

550   cloth

die Kleider

551   clothes

die Wäscheleine

552   clothes line

die Wolke

553   cloud

Vierblättriger **Klee** bringt Glück.

554   clover

der Clown

555   clown

Der Höhlenmensch jagte mit einer **Keule**.

556   club

der Tip

Betty hat keine Ahnung, wie sie dort hinkommt.
Ich werde dir **einen Tip** geben.

Betty does not have a clue how to get there.
I will give you a clue.

557   clue

Das **Kupplung**spedal ist links.	**Pack** das Tau fest **an**!	**der Trainer**	Wir reisen mit dem **Bus**.
558 clutch	559 to **clutch**	560 coach	561 coach
Die Kohle kommt aus einer Kohlengrube.	**grob** Dieser Stoff ist sehr **grob**. Sprich nicht so **grob**. *This cloth is very coarse.* *Do not use such coarse* *language.*	**die Küste**	**trainieren** Martha **trainiert** die Mannschaft zweimal in der Woche. *Martha trains the team* *twice a week.*
563 coal	564 coarse	565 coast	562 to **coach**
Im Winter brauchst du **einen** warmen **Mantel**.	Die Spinne ist in ihrer **Spinnwebe** zu Hause.	**der Kakao**	**die Kokosnuß**
566 coat	567 cobweb	568 cocoa	569 coconut
der Kabeljau	Die **Kaffee**bohnen wachsen auf Bäumen.	**der Sarg**	**die Spirale**
570 cod	571 coffee	572 coffin	573 coil
die Münze	Mir ist **kalt**. Ich friere.	**der Kragen**	Ullis Schwester **sammelt** Briefmarken.
574 coin	575 I am **cold**.	576 collar	577 to **collect**

die Hochschule

578 college

Wenn Autofahrer **zusammenstoßen**, gibt es Schaden.

579 to collide

---

ein schwerer **Zusammenstoß**

580 collision

Was ist deine Lieblings**farbe**?

581 color/colours*

---

die Stute und ihr **Fohlen**

582 colt

---

steinerne **Säulen**

583 column

---

der Kamm

584 comb

---

kämmen

585 to comb

Ulli **verbindet** zwei Zutaten.

586 combine

---

kommen

Sag Guido, er soll nach Hause **kommen**.
Ulli **kam** zur Party mit dem Autobus.
Kommst du oft her?

Tell Guido to come home.
Ulli came to the party by bus.
Do you come here often?

587 to come

Der Türknopf **ist abgegangen** und mir in der Hand geblieben.

588 to come off

Er fiel in Ohnmacht, **ist** aber schnell wieder **zu sich gekommen**.

589 to come to

---

bequem

590 comfortable

Das Komma ist in Wirklichkeit viel kleiner.

591 comma

---

befehlen

592 to command

---

der Ort, die Gemeinschaft

Wir leben in einem kleinen **Ort**.
Das **Gemeinschafts**-zentrum hat ein Schwimmbad.

We live in a small community.
There is a pool at the community centre.

593 community

Gerd ist Ottos **Kamerad**.

594 companion

Ich bin in guter **Gesellschaft**.

595 I am in good company.

---

vergleichen

596 to compare

Mein **Kompaß** zeigt nach Norden.

597 My compass points north.

Ludwig **komponiert** eine Symphonie.

598   to compose

der Komponist

599   composer

eine Komposition für Klavier

600   composition

der Computer

601   computer

sich konzentrieren

602   to concentrate

das Konzert

603   concert

der Beton

604   concrete

der Dirigent

605   conductor

der Kegel

607   cone

die Eis**tüte**

608   ice cream **cone**

der Tannen**zapfen**

609   pine **cone**

der Zugführer, der Kondukteur

606   conductor/guard*

zuversichtlich

610   confident

Ich bin **verwirrt**.

611   I am **confused**

gratulieren

612   to **congratulate**

verbinden, einstecken

613   to **connect**

der Konsonant

B, c, d, f, g sind Konsonanten.

B, c, d, f, g are consonants.

614   consonant

Die Polizistin kann dir behilflich sein.

615   constable

Eine Konstellation besteht aus vielen Sternen.

616   constellation

Es gibt sieben **Kontinente**.

617   continent

das Gespräch

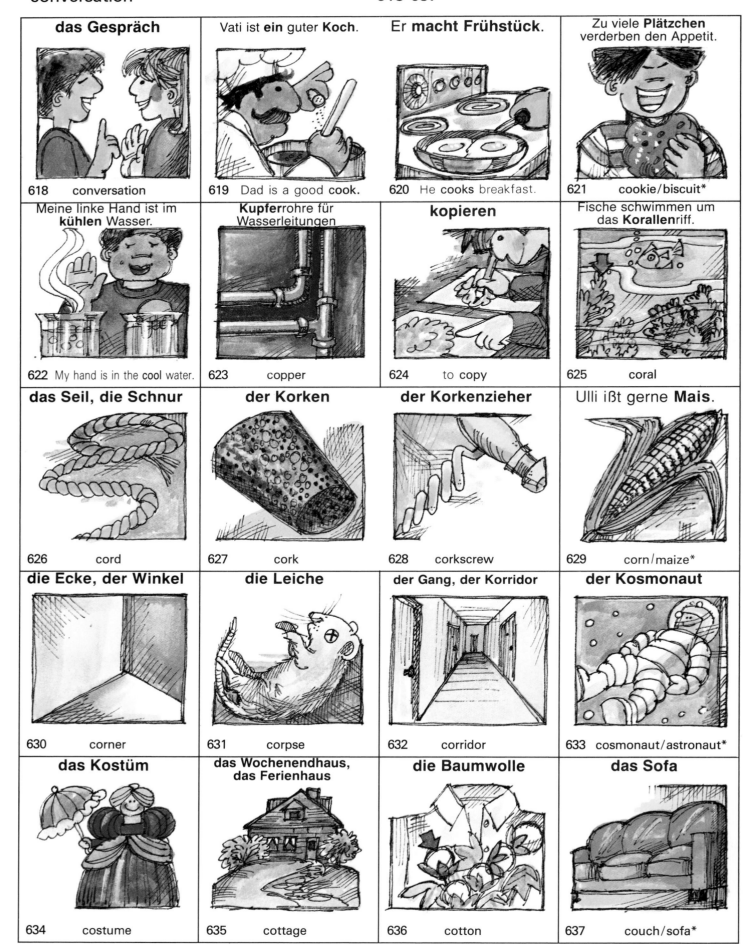

618   conversation

Vati ist **ein** guter **Koch**.

619   Dad is a good **cook**.

Er **macht Frühstück**.

620   He **cooks** breakfast.

Zu viele **Plätzchen** verderben den Appetit.

621   cookie/biscuit*

Meine linke Hand ist im **kühlen** Wasser.

622   My hand is in the **cool** water.

Kupferrohre für Wasserleitungen

623   copper

---

kopieren

624   to copy

Fische schwimmen um das **Korallen**riff.

625   coral

---

das Seil, die Schnur

626   cord

---

der Korken

627   cork

---

der Korkenzieher

628   corkscrew

Ulli ißt gerne **Mais**.

629   corn/maize*

---

die Ecke, der Winkel

630   corner

---

die Leiche

631   corpse

---

der Gang, der Korridor

632   corridor

---

der Kosmonaut

633   cosmonaut/astronaut*

---

das Kostüm

634   costume

---

das Wochenendhaus, das Ferienhaus

635   cottage

---

die Baumwolle

636   cotton

---

das Sofa

637   couch/sofa*

Inge **hustet** höflich mit der Hand vor dem Mund. **638** to **cough**	**zählen** **639** to **count**	**das Zählwerk** **640** **counter**	**die Theke** **641** **counter**
Warst du auf dem **Land**? **642** **country**	Dieses **Land** heißt Kanada. **643** **country**	Vati und Mutti sind **ein Ehepaar**. **644** **couple**	Zum Drachentöten gehört **Mut**. **645** **courage**
der Tennisplatz **646** **court**	Meine **Kusine** ist die Tochter meines Onkels. **647** My **cousin** is my uncle's daughter.	**zudecken** **648** to **cover**	Lass den **Deckel** auf dem Töpfchen. **649** **cover**
die Kuh **650** **cow**	Dieser Junge ist **ein Feigling**. **651** This boy is a **coward**.	**der Cowboy** **652** **cowboy**	**Krabben** leben im Meer. **653** **crab**
Dieser Topf hat einen **Sprung**. **654** **crack**	**der Cracker** **655** **cracker**	**die Wiege** **656** **cradle**	**der Kranich** **657** **crane**

der Kran

658   crane

stürzen

659   to crash

Was ist in der **Kiste**?

660   crate

kriechen

661   to crawl

der Krebs

662   crayfish

die Malkreiden

663   crayons

die Sahne, die Creme

Vati hat gern **Sahne** im Kaffee.
Die Sonnen**creme** schützt die Haut vor Sonnenbrand.

Dad likes cream in his coffee.
Sun cream protects your skin.

664   cream

die Bügelfalte, die Falte

665   crease

Was für **eine** seltsame **Kreatur**!

666   creature

Ein Bach ist ein kleiner Fluß.

667   creek

die Besatzung

668   the crew

das Kinderbett

669   crib/cot*

die Grille

670   cricket

der Verbrecher

671   criminal

das Krokodil

672   crocodile

Krokusse sind Vorboten des Frühlings.

673   crocus

Nur **Gauner** stehlen Äpfel!

674   crook

ein **schiefer** Pfosten

675   crooked post

schiefes Bild, gerader Turm

676 crooked painting, upright tower

eine gute **Ernte**

677   crop

das Kreuz 678 cross	Schau links, schau rechts, bevor du **über die Straße gehst.** 679 to cross	**durchstreichen** 680 to cross out	**die Krähe** 681 crow
eine Menge Menschen in einem kleinen Raum 682 A big crowd in a small space.	**die Krone** 683 crown	Sir James **krönt** die neue Königin. 684 to crown	**die Krume** 685 crumb
Der Winzer **stampft** die Trauben. 686 to crush	Ulli hat **die Kruste** am liebsten. 687 crust	**die Krücke** 688 crutch	**weinen** 689 to cry
die **Kristall**kugel des Hellsehers 690 crystal	**das** Bären**junge** 691 cub	**der Würfel** 692 cube	**der Kuckuck** 693 cuckoo
die Gurke 694 cucumber	**die Manschette** 695 cuff	**eine Tasse** Tee 696 cup	**der Schrank, die Anrichte** 697 cupboard

der Randstein

698   curb/kerb*

Ich bin geheilt.

699   I am cured.

Pauline dreht sich das Haar ein.

700   to curl

Jetzt hat sie lockiges Haar.

701   curly

neugierig

702   curious

die Johannisbeeren

703   currant

eine starke Strömung

704   current

die Vorhänge

705   curtains

die Kurve

706   curve

das Kissen, der Polster

707   cushion

der Kunde

708   customer

schneiden

709   to cut

süß, niedlich

712   cute/sweet*

das Besteck

713   cutlery

das Fahrrad

714   cycle

den Weg abschneiden

710   to cut in

der Zylinder, die Walze

715   cylinder

das Becken, die Beckenteller

716   cymbals

die Zypresse

717   cypress

Schneid die Figur aus!

711   to cut out

Die Narzisse ist eine Frühlingsblume.
718   daffodil

der Dolch
719   dagger

Die Tageszeitung kommt täglich.
720   daily

Diese Kühe leben am **Meierhof**.
721   dairy

das Gänseblümchen
722   daisy

Der Damm staut den Fluß.
723   dam

beschädigt
724   damaged

feucht
725   damp

tanzen
726   to dance

die Tänzerin
727   dancer

Der Löwenzahn ist ein Unkraut.
728   dandelion

die Gefahr
729   danger

Ulli fürchtet sich nicht im **Finsteren**.
730   dark

Im Pfeilwurfspiel wirft man **Darts** auf die Dartscheibe.
731   dart

das Armaturenbrett
732   dashboard

Was für **ein Datum** haben wir heute?
733   date

Das ist meine **Tochter** Gerti.
734   daughter

Ein schöner **Tag** beginnt.
735   the start of a nice **day**

eine **tote** Maus
736   **dead** mouse

737 deaf

Wer **taub** ist, kann nicht hören.

---

738 dear

lieb

Rudi ist ein **lieber** Freund von mir.
Liebe Mutti! Hier im Ferienlager ist es toll!

Rudi is my dear friend.
Dear Mom! Camp is fun!

---

739 December

Dezember ist der letzte Monat des Jahres.

---

740 to decide

sich entschließen, entscheiden

Ulli kann **sich** nicht **entschließen**, was sie anziehen soll.
Mutti wird es **entscheiden** müssen.

Ulli cannot decide what to wear.
Mom will have to decide.

---

741 deck

das Deck eines Schiffes

---

742 to decorate

Philipp, der Pirat, **schmückt** den Weihnachtsbaum.

---

743 decoration

der Christbaum**schmuck, die Verzierung**

---

744 deep end

Albert meidet **das Tiefe**.

---

745 deer

Im Wald gibt es **Rehe**.

---

746 to deliver

liefern, abgeben

---

747 to dent

Gerd hat meinen Wagen **eingebeult**.

---

748 dentist

der Zahnarzt

---

749 department store

das Kaufhaus

---

750 desert

die Wüste

---

751 desk

Wer hat diesen **Schreibtisch** in der Wüste aufgestellt?

---

752 dessert

der Nachtisch

---

753 to destroy

Godzilla **zerstört** die Stadt.

---

754 destroyer

Der Zerstörer ist eine Art von Kriegsschiff.

---

755 detective

der Detektiv

---

756 dew

Frühmorgens ist **Tau** auf den Blättern.

die Diagonale

757 diagonal

das Diagramm

758 diagram

der Diamant

759 diamond

Babys brauchen Windeln.

760 diaper/nappy*

Führst du ein Tagebuch?

761 diary

Schlag es im **Wörterbuch** nach.

762 dictionary

sterben

763 to die

der Unterschied

Alle Menschen sind gleich geboren; es gibt zwischen ihnen keinen Unterschied. Zwischen Tag und Nacht ist **ein** großer **Unterschied.**

All people are born equal, there is no difference between them.
There is quite a difference between day and night.

764 difference

Verschiedene Menschen. . . und doch alle gleich.

765 different people

graben

766 to dig

Die Schlange **verdaut** einen Elefanten.

767 The snake digests an elephant.

ein sehr **düsteres** Zimmer

768 dim

Ulli hat **Grübchen** in ihren Wangen.

769 dimple

das Dingi, das Dinghi

770 dinghy

das Eßzimmer

771 dining room

das Abendessen, das Nachtmahl

772 dinner

der Dinosaurier

773 dinosaur

Diese **Richtung!**

774 direction

Vati ist in **den Schmutz** getreten.

775 dirt

Seine Hose ist wirklich **schmutzig** geworden.

776 dirty

Ich **bin** mit dir **nicht einverstanden**.	Der Apfel **ist verschwunden**.	**die Katastrophe**	**entdecken**
777 to **disagree**	778 to **disappear**	779 **disaster**	780 to **discover**
besprechen	**die Krankheit**	Ulli trägt **eine Verkleidung**.	Bitte spül **das Geschirr** ab! Ulli, wo bist du?
781 to **discuss**	782 **disease**	783 **disguise**	784 **dishes**
eine **unehrliche** Person	**das Abwaschwasser, das Spülwasser**	**nicht mögen**	Die Tablette **löst sich** im Wasser **auf**.
785 a **dishonest** person	786 **dishwater**	787 to **dislike**	788 to **dissolve**
die Entfernung zwischen zwei Bäumen	Der **ferne** Baum ist weit von uns.	**das Viertel**, in dem ich wohne	**einen Graben** ausheben
789 **distance** between two trees	790 a **distant** tree	791 **district**	792 **ditch**
ins Wasser springen, einen Kopfsprung machen	einen Apfel **teilen**	Mir ist **schwindlig** . . . ich bin **schwindlig**.	Was soll ich **tun**, um den Schemel zu reparieren?
793 to **dive**	794 to **divide**	795 I feel **dizzy**.	796 What shall I **do**?

der Anlegesteg
797　dock

der Doktor, der Arzt
798　doctor

der Hund
799　dog

die Puppe
800　doll

der Delphin
801　dolphin

die Kuppel
802　dome

Der Esel trägt eine schwere Last.
803　donkey

die Tür
804　door

der Türgriff
805　doorknob

Sehe ich **doppelt**?
806　double

der Teig
807　dough

Die Taube ist ein Symbol des Friedens.
808　dove

Ulli hat ein **Daunen**kissen.
809　down

dösen
810　to doze

Zwölf Eier machen **ein Dutzend**.
811　dozen

Zieh sie nicht durch den Schmutz!
812　to drag

der Drache
813　dragon

die Libelle
814　dragonfly

der Abfluß
815　drain/plug hole*

Rolf **zeichnet** sehr gut.
816　to **draw**

drawbridge

Zieht **die Zugbrücke** hoch!	Ullis Socken sind nicht in dieser **Schublade**.
817 drawbridge	818 drawer

ein sanfter **Traum** — 819 a nice dream
Ich **träume** von Schafen. — 820 I dream of sheep.

das Kleid — 821 dress
sich anziehen — 822 to dress
Ullis Socken sind vielleicht in dieser **Kommode**. — 823 dresser/chest of drawers*
sabbern — 824 to dribble

Es ist kein Vergnügen, auf dem Meer zu **treiben**. — 825 to drift
Pauline **bohrt** winzige Löcher. — 826 to drill
der Bohrer — 827 drill
das Getränk — 828 drink

tropfen — 830 to drip
Ich **fahre** vorsichtig. — 831 I drive carefully.
ein verrückter **Fahrer** — 832 crazy driver
trinken — 829 to drink

der Nieselregen
Gestern hat es stark geregnet, heute ist es nur ein Nieselregen.
It rained a lot yesterday, today it is just a drizzle. — 833 drizzle
sabbern — 834 to drool
ein einzelner **Tropfen** — 835 drop
Unser Gast hat das Glas **fallen gelassen**. — 836 to drop

Komm mal wieder bei uns **vorbei**!

837   to **drop** in

Vati **gibt** die Katze beim Tierarzt **ab**.

838   Dad **drops off** the cat at the vet.

Er ist aus dem Rennen **ausgeschieden**.

839   to **drop** out

dösig, schläfrig

840   I feel **drowsy**.

die Trommel

841   drum

trocken

842   dry

trocknen

843   to dry

die Reinigungsanstalt, die Reinigung

844   dry cleaner

Steck die nasse Wäsche in **den Trockner**.

845   dryer

die Herzogin

846   duchess

die Ente

847   duck

Mit **einem Duell** beendet man keinen Streit.

848   duel

der Herzog

849   duke

die Schutthalde, die Müllkippe

850   dump

abladen

851   to dump

der Kipper

852   dumptruck/lorry*

Der Dieb ist seit langem im **Kerker**.

853   dungeon

die Abenddämmerung

854   dusk

der Staub

855   dust

der Zwerg

856   dwarf

E

Jedes Kaninchen hat eine Karotte.

857   Each rabbit has a carrot.

Der Adler ist gefährdet und steht daher unter Naturschutz.

858   eagle

das Ohr

859   ear

die Sonne am **frühen** Morgen

860   early

verdienen

Mutti **verdient** gut.
Ulli hat ihre Ferien **verdient**.
Du mußt das Geld
verdienen, bevor du es
ausgeben kannst.

Mother earns a good wage.
Ulli has earned her holiday.
You must earn your money
before you can spend it.

861   to earn

der Planet **Erde**

862   Earth

Erde schaufeln

863   earth

das Erdbeben

864   earthquake

die Staffelei

865   easel

Ost und West, daheim am best'!

866   east

Schwimmen ist **leicht** zu erlernen.

867   Swimming is **easy**.

essen

868   to eat

frühstücken

869   to eat breakfast

zu Mittag essen

870   to eat lunch

zu Abend essen

871   to eat dinner/supper*

das Echo

872   echo

eine Sonnen**finsternis**

873   eclipse

Der Baum steht am **Rand**.

874   The tree is at the **edge**.

der Aal

875   eel

Die Henne hat ein Ei gelegt.

876   egg

die Aubergine

877   eggplant/aubergine*

acht

878   eight

der achte

879   eighth

das Gummiband

880   elastic

der Ellbogen, der Ellenbogen

881   elbow

die Wahl

Wahlen werden abgehalten, um eine Regierung zu wählen. Wer hat die Wahl gewonnen? Der Wahlsieg war sehr knapp.

Elections are held to choose a government.
Who won the election?
The election victory was very close.

882   election

der Elektriker

883   electrician

die Elektrizität

884   electricity

der Elefant

885   elephant

der Aufzug, der Lift

886   elevator/lift*

der Elch

887   elk

Hier wächst **eine Ulme**.

888   elm

Stephan hat ihn **in Verlegenheit gebracht**.

889   to embarrass

umarmen

890   to embrace

die Stickerei

891   embroidery

ein Notfall

892   emergency

Der Topf ist **leer**.

893   The jar is empty.

Das ist **das Ende** der Straße.

894   This is the end.

Sie werden eines Tages nicht mehr **Feinde** sein.

895   enemies

der Automobilmotor, der Automotor

896   engine

der Lokomotivführer

897   engineer/engine driver*

genießen

898   to enjoy

ein riesiger Dinosaurier

899   enormous dinosaur

Das ist genug.

900   That is enough.

hereinkommen

901   to enter

der Eingang

902   entrance

der Briefumschlag, das Kuvert

903   envelope

gleich

904   equal

der Äquator

905   equator

die Besorgung

Ulli macht Besorgungen für Vati.
Sie hat heute vormittag viele Besorgungen zu machen.

Ulli is running errands for her father.
She has many errands this morning.

906   errand

Eine Rolltreppe geht hinauf, die andere hinunter.

907   escalator

Sie ist knapp entkommen.

908   to escape

Europa ist ein Kontinent.

909   Europe

die Verdampfung, die Verdunstung

910   evaporation

Vier ist eine gerade Zahl.

911   Four is an even number.

eine ebene Oberfläche

912   an even surface

der Nadelbaum

913   evergreen

jeder

Ulli macht ihr Bett fast jeden Tag.
Muß Mutti es ihr jedesmal sagen?

Ulli makes her bed almost every day.
Must Mother tell her every time?

914   every

Manche Prüfungen sind leicht.

915   exam

prüfen, untersuchen

916   to examine

das Beispiel

Manchmal gibt Ulli kein gutes **Beispiel**.
Man kann Dinge besser anhand **eines Beispiels** verstehen.

Sometimes Ulli does not set a good example.
Things are easier to understand when you give an example.

917   example

das Ausrufezeichen

918   exclamation mark

Entschuldigung!

919   Excuse me!

Karin **macht Übungen**, um gesund zu bleiben.

920   to exercise

existieren

Existieren heißt, zu sein. Ulli sagte: "So etwas gibt es nicht", und damit meinte sie "es **existiert** nicht".

To exist is to be.
Ulli said: "There is no such thing", and she meant "it does not exist".

921   to exist

hinausgehen

922   to exit/leave*

Der Ballon **dehnt sich aus**, bis er platzt.

923   to expand

---

erwarten

Wir **erwarten** dich um zwei Uhr.
Vati **erwartet** von dir, daß du brav sein wirst.
Anni kann nichts mehr **erwarten**.

We expect you at two o'clock.
Father expects you to be good.
Anni cannot expect any more.

924   to expect

teuer

925   expensive

das Experiment

926   experiment

der Experte

927   expert

Ich möchte es dir **erklären**.

928   to explain

erforschen

929   to explore

die Explosion

930   explosion

der Feuerlöscher

931   extinguisher

---

das Auge

932   eye

die Augenbraue

933   eyebrow

die Brille

934   eyeglasses/spectacles*

die Wimper

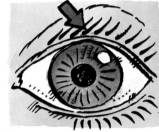

935   eyelash

Die Fabel von der Ameise und der Heuschrecke.

936   fable

das Gesicht

937   face

die Fabrik

938   factory

Tom ist bei der Prüfung **durchgefallen**.

939   to fail

versagen

940   to fail

der Jahrmarkt

941   fair

Die Fee wird dir einen Wunsch erfüllen.

942   fairy

das Vertrauen, der Glaube

Wir haben **Vertrauen** zu dir. Ulli hat es in gutem **Glauben** angenommen.

We have faith in you. Ulli accepted it in good faith.

943   faith

ein **gefälschtes** Bild

944   fake painting

Im **Herbst** fallen die Blätter von den Bäumen.

945   fall/autumn*

fallen

946   to fall

Ein **falscher** Alarm: das Haus ist nicht am Brennen.

949   false alarm

die Familie

950   family

hinfallen

947   to fall down

herunterfallen

948   to fall off

eine **berühmte** Schauspielerin

951   famous actress

der Ventilator

952   fan

Kostüme

953   fancy clothes

der Fangzahn

954   fang

Die Stadt ist **weit** weg.
955　The city is **far** away.

Lebewohl!
956　Farewell !

Unsere Nahrungsmittel kommen vom **Bauernhof**.
957　farm

der Bauer
958　farmer

geschwind, schnell
959　fast

Ich **schnalle** den Sicherheitsgurt **an**.
960　I **fasten** my seatbelt.

fett
961　fat

Gift trinken ist **tödlich**.
962　fatal

der Vater
963　father

Der Hahn tropft.
964　faucet/tap*

Wessen **Schuld** ist es?
965　Whose **fault** is it?

der Gefallen
Darf ich dich um einen **Gefallen** bitten?
Ulli ist so nett, sie tut ihren Mitmenschen gern etwas zuliebe.

Can I ask you a favor?
Ulli is nice and likes doing people favors.
966　favor/favour*

meine **Lieblings**sorte
967　favorite/favourite*

das Schlimmste **befürchten**
968　to **fear** the worst

das Festessen
969　feast

Ein Vogel muß **die Feder** verloren haben.
970　feather

der **Februar**, der **Feber**
971　February

Elli **füttert** das Baby.
972　to **feed**

Ich **fühle mich** wohl.
973　I **feel** well.

Das Weibchen legt die Eier.
974　female

der Zaun

975   fence

der Kotflügel

976   fender/wing*

der Farn

977   fern

die Fähre

978   ferry

die Festspiele

979   festival

Paul hat hohes **Fieber**.

980   fever

Es sind **wenig** Leute gekommen.

981   Few people came.

das Feld

982   field

Alice ist die **fünfte**.

983   fifth

Diese zwei Kerle **raufen** dauernd miteinander.

984   to fight

feilen

985   to file

füllen, zuschütten

986   to fill

Der Film war für meine Kamera.

988   film

ein **dreckiges** Schwein

989   filthy

Die Flosse gehört einem Haifisch.

990   fin

tanken

987   to fill up

eine Geldbuße für zu schnelles Fahren

991   fine

Es geht mir **gut**.

992   I am fine.

der Finger

993   finger

der Fingerabdruck

994   fingerprint

durchs Ziel gehen

995   to finish

Die Tanne ist ein Nadelbaum.

996   fir

das Feuer

997   fire

das Feuerwehrauto, der Feuerwehrwagen

998   fire engine

die Feuerleiter

999   fire escape

der Schwärmer, das Knallbonbon

1000   firecracker/banger*

der Feuerwehrmann

1001   firefighter

der Kamin

1002   fireplace

fest

Ulli hat einen **festen** Händedruck.
Vati ist **fest** entschlossen: Gerd darf kein Eis mehr bekommen.

Ulli has a firm handshake. Father's decision is firm: Gerd cannot have another ice cream.

1003   firm

der erste in der Schlange

1004   first

der Fisch

1005   fish

fischen, angeln

1006   to fish

der Angelhaken

1007   fishhook

die Faust

1008   fist

fünf

1009   five

Glaubst du, er kann es **in Ordnung bringen**?

1010   to fix

eine Piraten**flagge**

1011   flag

die Flocke

1012   flake

die Flamme

1013   flame

Gugu **schlägt** mit den Flügeln.

1014   to flap

die Leuchtpatrone

1015   flare

der Flash

1016   flash

die Taschenlampe

1017   flashlight/torch*

der Glaskolben

1018   flask

flach

1019   flat

den Teig **rollen**

1020   to flatten

Welche Sorte hast du am liebsten?

1021   flavor/flavour*

Rex hat **einen Floh** am Rücken.

1022   flea

Georg **flieht** um sein Leben.

1023   to flee

das Vlies, das Vließ, das Schaffell

1024   fleece

Onkel Otto ist ziemlich korpulent.

1025   flesh

auf dem Wasser treiben

1026   to float

ein Schwarm von Vögeln, **ein Vogelschwarm**

1027   flock

die Überschwemmung, die Flut

1028   flood

der Fußboden

1029   floor

Hans braucht **das Mehl** zum Backen.

1030   flour

Das Blut **fließt** in seine Adern.

1031   to flow

die Blume

1032   flower

Christian hat sich **eine Grippe** geholt.

1033   flu

die Fusseln

1034   fluff

Wasser ist **eine Flüssigkeit**.	**die Fliege**	Mach deinen **Hosenschlitz** zu.	Vögel und Flugzeuge **fliegen**.
1035 fluid	1036 fly	1037 fly	1038 to fly
der Schaum, der Rasier**schaum**	Im **Nebel** kann man nicht weit sehen.	**Falt** es so zusammen.	Diese Gans **geht** Otto überall **nach**.
1039 foam	1040 fog	1041 to fold	1042 to follow
die Nahrungsmittel, die Lebensmittel	**der Fuß**	**der Fußball**	**die Fußspur**
1043 food	1044 foot	1045 American football	1046 footprint
Ich lasse **Fußstapfen** hinter mir.	**für** Einer **für** alle und alle **für** einen. In Freud und Leid. Ohne dich hätten wir das Match verloren. *One for all and all for one.* *For better or for worse.* *But for you, we would have lost the game.*	**aufbrechen**	**die Stirn**
1047 footsteps	1048 for	1049 to force	1050 forehead
Im **Wald** leben wilde Tiere.	**vergessen** Unser Hund **vergißt** seinen Namen. Vati hat **vergessen**, Milch zu kaufen. *Our dog forgets his name.* *Dad forgot to buy milk.*	**verzeihen** Ich **verzeihe** dir, wenn du versprichst, brav zu sein. Ulli **verzieh** ihrem Hund, als er ihre hübscheste Puppe auffraß. *I forgive you if you promise to be good.* *Ulli forgave her dog for eating her nicest doll.*	**die Gabel**
1051 forest	1052 to forget	1053 to forgive	1054 fork

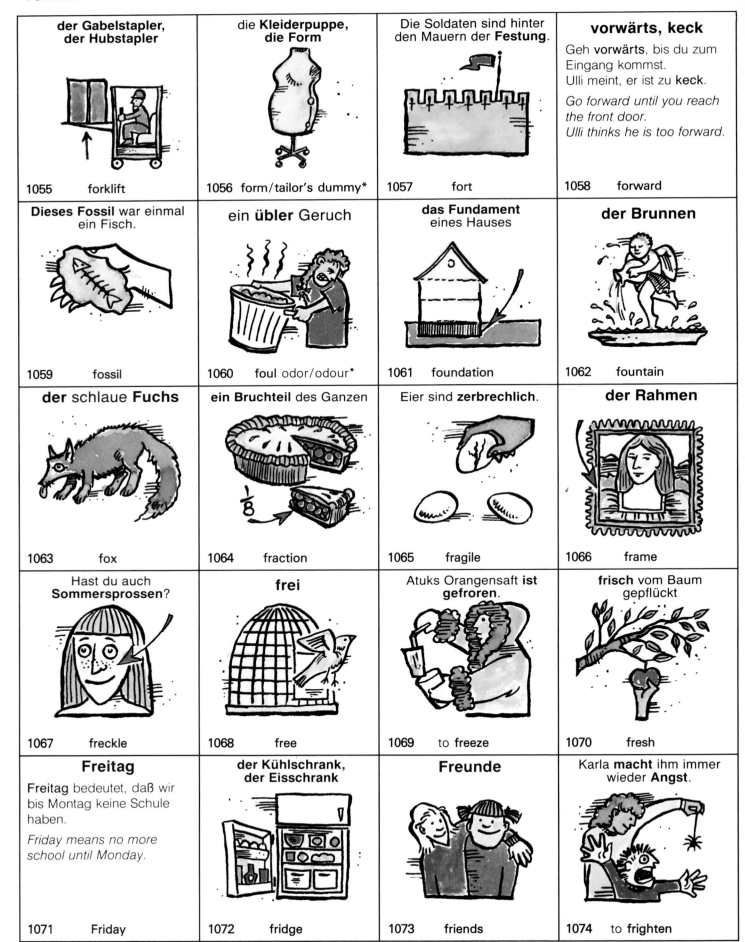

**der Gabelstapler,
der Hubstapler**

1055   forklift

**die Kleiderpuppe,
die Form**

1056   form/tailor's dummy*

Die Soldaten sind hinter
den Mauern der **Festung**.

1057   fort

vorwärts, keck

Geh **vorwärts**, bis du zum
Eingang kommst.
Ulli meint, er ist zu **keck**.

*Go forward until you reach
the front door.
Ulli thinks he is too forward.*

1058   forward

Dieses Fossil war einmal
ein Fisch.

1059   fossil

ein **übler** Geruch

1060   foul odor/odour*

das Fundament
eines Hauses

1061   foundation

der Brunnen

1062   fountain

der schlaue **Fuchs**

1063   fox

ein **Bruchteil** des Ganzen

1064   fraction

Eier sind **zerbrechlich**.

1065   fragile

der Rahmen

1066   frame

Hast du auch
Sommersprossen?

1067   freckle

frei

1068   free

Atuks Orangensaft **ist
gefroren**.

1069   to freeze

frisch vom Baum
gepflückt

1070   fresh

Freitag

Freitag bedeutet, daß wir
bis Montag keine Schule
haben.

*Friday means no more
school until Monday.*

1071   Friday

**der Kühlschrank,
der Eisschrank**

1072   fridge

Freunde

1073   friends

Karla **macht** ihm immer
wieder **Angst**.

1074   to **frighten**

der Frosch	Ich bin **vom** Mars.	**der Vorderteil**	Wir haben **Rauhreif** am Fenster.
1075 frog	1076 I am **from** Mars.	1077 front	1078 frost
Warum **sieht** er so **finster drein**?	**Obst** ist viel besser als Bonbons.	**braten**	**die Bratpfanne**
1079 to frown	1080 fruit	1081 to fry	1082 frying pan
Autos brauchen **Kraftstoff**.	**voll**	**Spaß** haben	Dieser **Fonds** hilft den Armen.
1083 Cars need **fuel**.	1084 full	1085 having **fun**	1086 charity **fund**
Sie sind zum **Begräbnis** gegangen.	Gieß es durch den **Trichter**!	**komisch** Mutti meint, das ist nicht **komisch**. Ulli hat sich nach dem Pilzeessen **komisch** gefühlt. *Mother does not think it is funny.* *Ulli felt funny after eating those mushrooms.*	Ein **Pelz**mantel im Sommer!
1087 funeral	1088 funnel	1089 funny	1090 fur coat
Ohne unseren **Heizofen** wäre es kalt im Haus.	**die Möbel**	Hast du **eine Sicherung** durchgebrannt?	Mieze ist eine **kuschelige** Katze.
1092 furnace/boiler*	1093 furniture	1094 fuse	1091 furry

Ein Sturm ist ein starker Wind.

1095   gale

die Galerie

1096   gallery

Das Pferd galoppiert.

1097   to gallop

Viktor hat gern Gesellschaft**sspiele**.

1098   game

Der Gänserich ist der Vater der Gänschen.

1099   gander

die Räuber**bande**

1100   gang

Ulli hat einen **Zwischenraum** zwischen ihren Vorderzähnen.

1101   gap

Das Auto ist in der **Garage**.

1102   garage

die Abfälle, der Müll

1103   garbage/rubbish*

der Mülleimer

1104   garbage can/rubbish bin*

der Gemüse**garten**

1105   vegetable **garden**

gurgeln

1106   to gargle

Der Knoblauch hat einen starken Geschmack.

1107   garlic

Das Strumpfband hält die Strümpfe hoch.

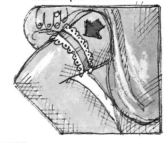

1108   garter

das Gas

Der Ballon war mit **Gas** gefüllt.
Gewisse **Gase** sind leichter als Luft.

The balloon was filled with gas.
Some gases are lighter than air.

1109   gas

Benzin ist ein Kraftstoff.

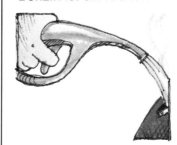

1110   gas/petrol*

Mit dem **Gaspedal** reguliert man die Geschwindigkeit.

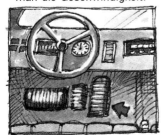

1111 gas pedal/accelerator*

die Benzinpumpe

1112   gas/petrol pump*

die Tankstelle

1113   gas/petrol station*

das Gartentor
1114   gate

Sie **pflückt** Blumen.
1115   to gather

die Zahnräder
1116   gears

der Edelstein
1117   gem

der General
1118   general

ein **freigebiger** Freund
1119   a **generous** friend

ein **milder** Mensch, ein **sanftmütiger** Mensch
1120   a **gentle** person

Vati ist **ein** wahrer **Gentleman.**
1121   gentleman

ein **echtes** Schwein
1122   a **genuine** pig

Wir studieren alle **Geographie.**
1123   geography

die Geranie
1124   geranium

eine zahme **Rennmaus,** eine zahme **Springmaus**
1125   gerbil

Die Bazillen sind Krankheitserreger.
1126   germ

Fang die Maus!
1127   **Get** that mouse!

Ich möchte es gern **zurückhaben.**
1128 I want to **get** it **back.**

ins Schwimmbad **steigen**
1129 to **get in** the pool

heruntersteigen
1130   to **get off**

hinaufsteigen
1131   to **get on**

Ulli **schafft** die Abfälle **weg.**
1132 to **get rid of**

Aber erst **steht** sie **auf.**
1133 to **get up**

das Gespenst

1134 ghost

der Riese

1135 giant

das Geschenk

1136 gift

ein **gigantischer** Walfisch

1137 gigantic

kichern

1138 to giggle

Fische atmen durch **Kiemen**.

1139 gills

Ingwer ist ein Gewürz.

1140 ginger

ein leckeres **Lebkuchen**männchen

1141 gingerbread

Ein **Zigeuner**wagen ist immer unterwegs.

1142 gipsy

Reicht **die Giraffe** wirklich bis zum Himmel?

1143 giraffe

das Mädchen

1144 girl

Sie **gab** Anna den Regenschirm.

1145 to give

der Gletscher

1148 glacier

Ich bin **froh**.

1149 I am glad.

Fenster sind aus **Glas**.

1150 glass

Anna hat ihn nach dem Regen **zurückgegeben**.

1146 to give back

Trägst du **eine Brille**?

1152 glasses

gleiten

1153 to glide

ein **Glas** Wasser

1151 glass

Ich ergebe mich.

1147 I give up!

Das Segelflugzeug fliegt ohne Motor.

1154   glider

die Handschuhe

1155   gloves

Dieser **Leim** klebt!

1156   glue

gehen

1157   to go

Der Torwart verteidigt **das Tor**.

1161   goal

Ist das ein Ziegenbock oder **eine Ziege**?

1162   goat

Die Schutzbrille schützt ihre Augen.

1163   goggles

Er **geht** an die Arbeit **hinunter**.

1158   to go down

der **Gold**barren

1164   gold

der **Goldfisch**

1165   goldfish

Onkel Ernst spielt **Golf**.

1166   golf

Rex **geht hinein**, um ein Schläfchen zu halten.

1159   to go in

Dieses Essen schmeckt **gut**!

1167   good

Auf Wiedersehen, Mutti!

1168   Goodbye!

die Gans

1169   goose

Hans klettert die Bohnenranke hinauf.

1160   to go up

die Stachelbeere

1170   gooseberry

Sie meint, sie hat eine **fabelhafte** Frisur.

1171   gorgeous

der Gorilla

1172   gorilla

regieren

Die Regierung **regiert** das Land.
Ein Land zu **regieren**, ist nicht so einfach, wie es aussieht.

The government governs the country.
It is not as easy to govern a country as it seems.

1173   to **govern**

die Regierung

Die Regierung wird vom Volk gewählt.
Ullis Vater, der Admiral, arbeitet für die Regierung.

The government is elected by the people.
Ulli's father, the admiral, works for the government.

1174 government

Er **schnappt** ihr Eis weg und wird dafür bestraft werden.

1175 to grab

Er ist sehr **liebenswürdig**.

1176 He is very **gracious**.

Ich gehe in **die erste Klasse**.

1177 grade / form*

Wir ernten **das Getreide**, um daraus Mehl zu machen.

1178 grain

1000 **Gramm** = 1 Kilogramm

1179 gram

der Enkel

1180 grandchild

der Großvater

1181 grandfather

Ullis **Großmutter** bäckt gern.

1182 grandmother

Der Granit ist ein hartes Gestein.

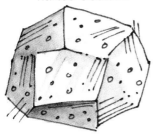

1183 granite

bewilligen, erfüllen

Ich **bewillige** dir zehn Tage Urlaub.
Die gute Fee wird dir drei Wünsche **erfüllen**.

I grant you ten days' leave of absence.
The good fairy will grant you three wishes.

1184 to grant

eine Traube, Weintrauben

1185 grapes

die Pampelmuse

1186 grapefruit

das Diagramm

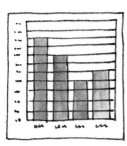

1187 graph

das Gras

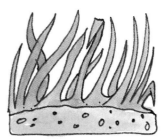

1188 grass

die Heuschrecke

1189 grasshopper

das Reibeisen

1190 grater

das Grab

1191 grave

der lockere **Kies** am Straßenrand

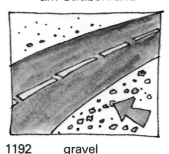

1192 gravel

Die Schwerkraft verursacht den Fall des Apfels vom Baum.

1193 Gravity makes apples fall.

Die Kühe **grasen** auf der Weide.
1194   to graze

Schmiere behebt das Quietschen.
1195   grease

ein **tolles** Spielzeug
1196   a great toy

habgierig
1197   greedy

grün
1198   green

grüne Bohnen
1199   green bean

das Treibhaus
1200   greenhouse

Gerd **grüßt** jede Dame.
1201   to greet

grau
1202   grey*/gray

grillen
1203   to grill

schmutzig
1204   grimy

grinsen, schmunzeln
1205   to grin

Mutti **dreht** Fleisch **durch den Wolf**.
1206   to grind/to mince*

Pack die Lenkstange fest **an**!
1207   to grip

stöhnen, ächzen
1208   to groan

Der Kaufmann zeigt ihr, wo sie es finden wird.
1209   grocer

Braut und **Bräutigam**
1211   groom

Der Reitknecht striegelt das Pferd.
1212   groom

Pamela **macht sich schön**.
1213   to groom

Lebensmittel einkaufen
1210   shopping for **groceries**

die Rille, die Kerbe	Das ist aber **kraß**!	**der Boden, der Erdboden**	**das Waldmurmeltier**
1214 groove	1215 gross/disgusting*	1216 ground	1217 groundhog

eine Gruppe von Leuten	**wachsen**	**knurren**	**der Erwachsene**
1218 group	1219 to grow	1220 to growl	1221 grown-up

bewachen	Laß mich mal **raten**.	Er läßt **den Gast** herein.	Er **führt** den Gast zu seinem Zimmer.
1222 to guard	1223 to guess	1224 guest	1225 to guide

schuldig, schuld	**Meerschweinchen** fressen viel.	**die Gitarre**	**der Golf** von Mexiko
Wer ist an diesem Diebstahl **schuld**? Der Dieb, der die Bonbons genommen hat, ist **schuldig**. *Who is guilty of this theft? The thief who took the candy is guilty.*			
1226 guilty	1227 guinea pig	1228 guitar	1229 Gulf of Mexico

Die Möwen leben in der Nähe des Wassers.	Putz auch **das Zahnfleisch**, damit es gesund bleibt.	Es gibt bessere Gewohnheiten, als **Kaugummi** zu kauen.	Das Wasser läuft durch **die Gosse** ab.
1230 gull	1231 gum	1232 gum/chewing gum*	1233 gutter

eine schlechte **Gewohnheit**

1234   bad habit

der Schellfisch

1235   haddock

Der Hagelschauer kam plötzlich.

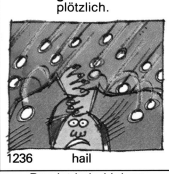

1236   hail

Ullis Schwester hat sehr dichtes **Haar**.

1237   hair

die Haarbürste

1238   hairbrush

der Friseur

1239   hairdresser

Das ist kein kleiner **Haartrockner!**

1240   hairdryer

Möchtest du **die** andere **Hälfte?**

1241   half

das Vorzimmer, die Diele

1242   hall

Hallowe'en ist **der Abend vor Allerheiligen**.

1243   Halloween/Hallowe'en*

der Korridor

1244   hallway/corridor*

Der Soldat **hielt** vor der Tür **an**.

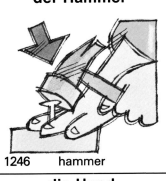

1245   to halt

der Hammer

1246   hammer

Robbi **hämmerte** den Nagel ins Brett.

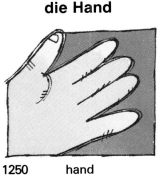

1247   to hammer

die Hängematte

1248   hammock

der Hamster

1249   hamster

die Hand

1250   hand

austeilen

1251   to hand out

die Handbremse

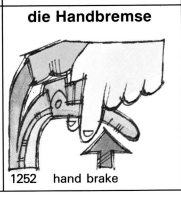

1252   hand brake

die Handschellen

1253   handcuffs

das Handikap

Blinde haben **ein Handikap.**
Der Mensch kann jedes **Handikap** überwinden.

The blind have a handicap. People can overcome any handicap.

1254   handicap

der Griff

1255   handle

das Geländer

1256   handrail

Er kommt sich sehr **gut aussehend** vor.

1257   handsome

Er ist so **geschickt,** er kann alles reparieren.

1258   handy person

Häng das Bild gerade **auf!**

1259   to hang

sich festhalten

1260   to hang on

der Hangar

1262   hangar

Häng deinen Mantel auf **den Kleiderbügel.**

1263   hanger

das Taschentuch

1264   handkerchief

aufhängen

1261   to hang up

Unfälle können **passieren.**

1265   Accidents happen.

Er ist **fröhlich.**

1266   He is happy.

Das Schiff legte im **Hafen** an.

1267   harbor/harbour*

Die Ziegel sind zu **hart.**

1268   hard

der Hase

1269   hare

Schade nie einem Tier!

1270   to harm

die Mundharmonika

1271   harmonica

Das Pferd ist im **Geschirr.**

1272   harness

die Harfe

1273   harp

ein strenger Winter

1274   a **harsh** winter

ernten

1275   to **harvest**

der Hut

1276   hat

Das Küken ist **ausgeschlüpft**.

1277   to **hatch**

das Beil

1278   hatchet

Robert **schleppt** eine schwere Last.

1279   to **haul**

das **verwunschene** Haus

1280   **haunted** house

Gusti **hat** die Puppe, die Gerda **haben** möchte.

1281   to **have**

der Habicht

1282   hawk

Das Heu ist für die Pferde.

1283   hay

Wenn das Wetter **Dunst** bringt, haben wir einen diesigen Tag.

1284   **Haze** makes for a hazy day.

der Haselbusch

1285   hazel

die Haselnuß

1286   hazelnut

der Kopf

1287   head

Ich habe **Kopfweh**.

1288   I have a **headache**.

die Kopfstütze

1289   headrest

Sein gebrochenes Bein **heilt**.

1290   to **heal**

eine **gesunde** Blume

1291   **healthy** flower

ein großer Müll**haufen**

1292   heap/pile*

Ich **höre** eine Stimme.

1293   I **hear** a voice.

das Herz

1294   heart

heiß machen, erhitzen, erwärmen

1295   to **heat**

der Heizkörper

1296   heater/radiator*

hochheben

1297   to **heave**

der Himmel

1298   heaven

ein riesig **schwerer** Elefant

1299   one **heavy** elephant

Hast du **die Hecke** gestutzt?

1300   hedge

Der Igel ist kein Stachelschwein.

1301   hedgehog

die Ferse

1302   heel

der Helikopter

1303   helicopter

die Hölle

1304   hell

Hallo!

1305   hello

am **Ruder** des Schiffes

1306   helm

Soldaten tragen **Helme**.

1307   helmet

Ullis Mutter **hilft** gern ihren Mitmenschen.

1308   to help

Ein kleines Baby ist **hilflos**.

1309   helpless

der Saum

1310   hem

die Halbkugel

1311   hemisphere

die Henne

1312   hen

Das Siebeneck hat sieben Seiten.

1313   heptagon

die Kräuter

1314   herbs

die Viehherde, eine **Herde** Vieh

1315   herd

Komm **her!**

1316   Come here!

Der Einsiedler lebt ganz allein.

1317   hermit

der Held

1318   hero

die Heldin

1319   heroine

der Hering

1320   herring

Paul **zögert**, bevor er hineinspringt.

1321   to hesitate

Das Sechseck hat sechs Seiten.

1322   hexagon

Die Bären **halten** im Winter ihren **Winterschlaf.**

1323   to hibernate

schlucksen, hicksen

1324   to hiccup/hiccough*

das Fell eines Tieres

1325   hide

sich verstecken

1326   to hide

das Versteck

1327   hiding-place

ein **hoher** Berg

1328   a high mountain

das Hochhaus

1329   highrise/tower block*

die Mittelschule

1330   high school/secondary school*

die Fernstraße

1331   highway/motorway*

ein Flugzeug **hijacken**

1332   to hijack a plane

Ganz oben am **Hügel** steht ein Baum.
1333 hill

das Scharnier, die Angel
1334 hinge

die Hinterbeine
1335 hind legs

die Hand auf **der Hüfte**
1336 hand on hip

Der Hippopotamus heißt auch **Nilpferd** oder **Flußpferd**.
1337 hippopotamus

Ich studiere **Geschichte**.
1338 I study history.

den Nagel auf den Kopf **treffen**
1339 to hit

Bienen wohnen im **Bienenkorb**.
1340 hive

hamstern
1341 to hoard

eine **heisere** Stimme
1342 hoarse voice

Stricken ist Muttis **Hobby**.
1343 hobby

Mein Bruder spielt **Hockey**.
1344 hockey/ice hockey*

die Hacke
1347 hoe

Ulli **hält** ihre Katze.
1348 to hold

Ulli sollte sie aber nicht so **niederhalten**.
1349 to hold down

der Hockeypuck
1345 hockey puck

das Loch
1350 hole

Onkel Hans hat seinen **Urlaub** verdient.
1351 holiday

Eichhörnchen wohnen in **hohlen** Bäumen.
1352 hollow tree

der Hockeystock
1346 hockey stick

die Zweige und Beeren der **Stechpalme**	In Indien sind die Kühe **heilig**.	Die Eichhörnchen sind hier **zu Hause**.	**die Hausaufgaben**
1353　holly	1354　a holy cow	1355　home	1356　homework
Ist er **aufrichtig**?	Bären haben gern **Honig**.	**die Honigwabe**	**die Honigmelone**
1357　Is he honest?	1358　honey	1359　honeycomb	1360　honeydew melon
hupen, tuten	**die Ehre**	Ullis Mantel hat **eine Kapuze**.	Der Motor ist unter **der Haube**.
1361　to honk	1362　honor/honour*	1363　hood	1364　hood/bonnet*
Pferde haben **Hufe**.	**der Haken**	durch **einen Reifen** springen	**hoppeln, hopsen**
1365　hoof	1366　hook	1367　jump through a hoop	1368　to hop
Ich **hoffe**, ich werde gewinnen.	ein **hoffnungsloser** Reiter	**Himmel und Hölle**	Die Sonne geht am **Horizont** auf.
1369　I hope to win.	1370　hopeless	1371　hopscotch/hop-scotch*	1372　horizon

waagerecht, horizontal

1373   horizontal

die Hupe, das Horn

1374   horn

das Waldhorn

1375   French horn

das Horn

1376   horn

Die Hornisse kann stechen.

1377   hornet

das Pferd

1378   horse

Der Meerrettich schmeckt scharf.

1379   horseradish

das glückbringende **Hufeisen**

1380   horseshoe

der Schlauch

1381   hose

das Krankenhaus, das Spital

1382   hospital

Es ist wirklich **heiß**.

1383   hot

So **scharf**, daß meine Zunge brennt.

1384   hot

Auf der Reise steigen wir immer in einem **Hotel** ab.

1386   hotel

Die Stunde hat sechzig Minuten.

1387   hour

die Sanduhr

1388   hourglass

der Chilipfeffer

1385   hot pepper

das Haus

1389   house

das Luftkissenfahrzeug, das Hovercraft

1390   hovercraft

Ich werde dir zeigen, **wie** man es macht.

1391   I will show you **how.**

heulen

1392   to howl

die Radkappe

1393   hub cap

die amerikanische Heidelbeere

1394   huckleberry

sich zusammendrängen, die Köpfe zusammenstecken

1395   to huddle

riesig

1396   huge

der Rumpf

1397   hull

der Kolibri

1398   hummingbird

der Höcker

1399   hump

hundert

1400   hundred

Sie ist **hungrig**.

1401   She is **hungry**.

jagen

1402   to hunt

schleudern, werfen

1403   to hurl

Hurrikane können ganze Städte zerstören.

1404   hurricane

eilen

1405   to hurry

Mein Handgelenk **tut mir weh**.

1406   My wrist **hurts**.

der Gatte, der Ehemann

1407   husband

die Hütte

1408   hut

der Geschirrschrank

1409   hutch/sideboard*

die Hyazinthe

1410   hyacinth

Der Chor singt **eine Hymne**.

1411   hymn

der Bindestrich

Der Bindestrich ist eine kurze Linie zwischen zwei Wörtern, die zusammen gehören.

Hyphens are short lines between words that belong together.

1412   hyphen

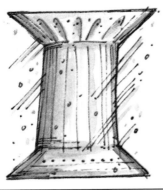

In diesem Glas sind **Eis**würfel.

1413   ice

das Eis

1414   ice cream

Eisberge können Schiffe versenken.

1415   iceberg

der Eiszapfen

1416   icicle

die Glasur auf dem Kuchen

1417   icing

Mir scheint, sie ist auf **eine Idee** gekommen.

1418   idea

Zwei **identische** Mädchen: sie sind eineiige Zwillinge.

1419   identical twins

der Idiot

1420   idiot

müßig

1421   idle

wenn

Wenn ich einen Hammer hätte, würde ich nur dann hämmern, **wenn** niemand schläft.
Wenn ich könnte, würde ich es dir kaufen.

If I had a hammer, I would only hammer when no one is sleeping.
I would buy it for you if I could.

1422   if

der Iglu

1423   igloo

der Zündschlüssel

1424   ignition key

Paul ist schon tagelang **krank**.

1425   ill

beleuchten

1426   to illuminate

die Illustration, die Abbildung

Ein Bild in einem Buch ist **eine Illustration**.
Dieses Wörterbuch hat viele **Abbildungen**.

A picture in a book is called an illustration.
This dictionary has many illustrations.

1427   illustration

wichtig

Das ist eine **wichtige** Sache.
Was für Ulli **wichtig** ist, ist vielleicht für Hans unwichtig.

This is an important matter. What is important to Ulli may not be important to Hans.

1428   important

zu Hause, in

Ist Toni **zu Hause**?
In einer Weile werden wir herausfinden, wer das Plätzchen genommen hat.

Is Toni in?
In time, we will find out who took the biscuit.

1429   in

der Weihrauchträger

1430   incense

Zwölf **Zoll** sind ein Fuß.

1431   inch

der Index

Am Ende des Buches ist **ein Index**.
Der Index enthält alle Schlagwörter, die in diesem Wörterbuch vorkommen.

There is an index at the end of the book.
The index contains all the key words in this dictionary.

1432   index

indigoblau

1433   indigo

im Haus

1434   indoors

der Säugling, das Baby

1435   infant

Tante Sylvia hat **eine Infektion**.

1436   infection

ansteckend

Ihre Krankheit ist **ansteckend**.
Vati hat ein **ansteckendes** Lachen.

Her condition is infectious.
Father has an infectious laugh.

1437   infectious

Rudi **informiert** Käte über ein Geheimnis.

1438   to inform

Der Bär **wohnt** in einer Höhle.

1439   The bear **inhabits** a cave.

die Anfangsbuchstaben, die Initialen

1440   initials

Klaus bekommt **eine Injektion** in den Arm.

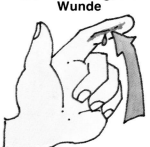

1441   injection

die Verletzung, die Wunde

1442   injury

die Tinte

1443   ink

Es gibt viele verschiedene **Insekten**.

1444   insect

im Karton **drin**

1445   inside

Ich muß wirklich darauf **bestehen**!

1446   to insist

inspizieren

1447   to inspect

Nimm einen Löffel **anstatt** der Gabel!

1449   Use a spoon **instead** of a fork!

die Anleitung, die Anweisung

1450   instruction

der Lehrer, der Instruktor

1451   instructor

der Inspektor

1448   inspector

die Isolation, die Isolierung

Wir haben **Isolation** in den Wänden des Hauses.
Drähte haben **Isolierung**, damit man keinen elektrischen Schlag bekommt.

There is insulation in the walls of the house.
Electrical wiring has insulation so people will not get a shock.

1452   insulation

die Kreuzung

1453   intersection/crossroads*

das Interview, das Vorstellungsgespräch

1454   interview

Daniel geht ins Zimmer hinein.

1455   into the room

Margit **stellt vor.**

1456   to introduce

Die Wikinger **sind** in fremde Länder **eingefallen.**

1457   to invade

Viele von ihnen sind dann **Invaliden** geworden.

1458   invalid

Was **hat** er eigentlich da **erfunden?**

1459   to invent

der **unsichtbare** Mann

1460   invisible

Hier ist **eine Einladung** zu unserer Party.

1461   invitation

Er **lädt** sie **ein.**

1462   He is **inviting** her.

die Schwertlilie

1463   iris

Günter **bügelt** seine Kleidung.

1464   to iron

das Bügeleisen

1465   iron

das **eiserne** Visier

1466   iron mask

die Insel

1467   island

das Jucken, der Juckreiz

Ulli hat von Giftefeu **ein** arges **Jucken** bekommen.
Der Juckreiz verschwindet, wenn sie sich nicht kratzt.

Ulli got a bad itch from poison ivy.
The itch will go away if she does not scratch.

1468   itch

jucken

1469   to itch

Ich habe einen **juckenden** Hautausschlag.

1470   My skin is **itchy.**

Efeu wächst an den Mauern empor.

1471   ivy

J	Arno **stößt** ihn mit dem Ellbogen in die Seite. **1472** to jab	Ist diese **Jacke** die richtige Größe? **1473** jacket	**der** Buch**umschlag** **1474** dust jacket
eine **zackige** Kante **1475** jagged edge	**das Gefängnis** **1476** jail/gaol*	**die Marmelade** **1477** jam	**einklemmen** **1478** to jam
Januar ist der erste Monat des Jahres. **1479** January	**die Kruke, der Topf** **1480** jar	**ein Rachen** voller Zähne **1481** jaw	**die Jeans** **1482** jeans
der Jeep **1483** jeep	Es gibt **Wackelpeter** zum Nachtisch. **1484** jelly	**der Düsenmotor** **1485** jet engine	**das Düsenflugzeug** **1486** jet plane
ein kostbarer **Edelstein** **1488** jewel	**das Puzzle** **1489** jigsaw puzzle	**eine Arbeit** verrichten **1490** doing a job	**der** Wasser**strahl** **1487** jet of water

Der Jockey reitet das Rennpferd.

1491   jockey

joggen

1492   to jog

Bring die zwei Enden **zusammen**.

1493   to join

Dieses **Gelenk** ist **das** Ellbogen**gelenk**.

1494   joint

Onkel Herbert findet den **Witz** lustig.

1495   joke

Der Richter wird entscheiden.

1496   judge

der Jongleur

1497   juggler

frischer Orangen**saft**

1498   juice

Juli ist der siebente Monat des Jahres.

1499   July

springen

1500   to jump

hineinspringen

1501   to jump in

draufspringen

1502   to jump on

Günter ist **ein** guter **Springer**.

1503   jumper

der Kittel

1504   jumper/pinafore*

die Starthilfekabel

1505   jumper cables/jump leads*

Juni ist der sechste Monat des Jahres.

1506   June

Im **Dschungel** gibt es Tiger.

1507   jungle

Eine Dschunke ist ein chinesisches Segelschiff.

1508   junk

Alter **Kram** endet im Müll.

1509   junk

gerade, nur, gerecht

Ulli ist **gerade** zu Hause angekommen.
Danke, **nur** ein bißchen.
Ein Richter muß ein **gerechter** Mensch sein.

Ulli just got home.
Just a little, thanks.
A judge must be a just person.

1510   just

K

das Kaleidoskop

1511   kaleidoscope

das Känguruh

1512   kangaroo

der Kiel

1513   keel

Rex faulenzt gerne in seiner **Hundehütte**.

1514   kennel

das Mais**korn**

1515   kernel

der Teekessel

1516   kettle

der Schlüssel

1517   key

kicken

1518   to kick

Dieser **Kleine** heißt Adam.

1519   kid

Die Jungen der Ziege heißen **Zicklein**.

1520   kid

Wer Menschen **entführt**, ist ein Verbrecher.

1521   to kidnap

die Niere

1522   kidney

Ein Jäger **tötete** den Löwen.

1523   to kill

ein Brennofen für Tongefäße

1524   kiln

1 **Kilogramm** = 1000 Gramm

1525   kilogram

1 **Kilometer** = 1000 Meter

1526   kilometer/kilometre*

In Schottland tragen die Männer einen **Kilt**.

1527   kilt

Ein Kleid ist **eine Art** von Kleidungsstück.

1528   A dress is a kind of garment.

ein **freundliches** Mädchen

1529   kind girl

der König	**der Eisvogel**	**ein** Zeitungs**kiosk**	**die Bücklinge**
1530 king	1531 kingfisher	1532 kiosk	1533 kippers
küssen	Gib mir **einen Kuß**.	**die Küche**	**einen Drachen** steigen lassen
1534 to kiss	1535 kiss	1536 kitchen	1537 kite
Das Kätzchen wird zu einer Katze heranwachsen.	**die Kiwi**	**das Knie**	**knien**
1538 kitten	1539 kiwi	1540 knee	1541 to kneel
das Messer	Kannst du einen Pulli **stricken**?	**der** Tür**knopf**	an die Tür **klopfen**
1542 knife	1543 to knit	1544 knob	1545 to knock
der Knoten	**wissen, können, kennen** **Weißt** du, was das bedeutet? Ulli **kann** etwas Französisch. Kurt **kennt** Ulli sehr gut. *Do you know what this means?* *Ulli knows some French.* *Kurt knows Ulli very well.*	**das Fingergelenk, der Fingerknöchel**	**Die Koalas** leben in Australien.
1546 knot	1547 to know	1548 knuckle	1549 koala bear

Das Etikett trägt eine Warnung.

1550   label

das Laboratorium

1551   laboratory

ein feiner **Spitze**nkragen

1552   lace

die Leiter

1554   ladder

der Schöpflöffel, die Kelle

1555   ladle

die Dame

1556   lady

Bobby **bindet** seine Schuhe **zu**.

1553   to lace

der Marienkäfer

1557   ladybug/ladybird*

der Löffelbiskuit

1558   ladyfingers

Das Ungeheuer lauert in seinem **Bau**.

1559   lair

Seen sind von Land umgeben.

1560   lake

das Lamm

1561   lamb

Rosi ist auf einem Bein **lahm**.

1562   lame

die Lampe

1563   lamp

der Laternenpfahl

1564   lamp-post

die Lanze

1565   lance

das Land

1566   land

landen

1567   to land

der Treppenabsatz

1568   landing

der Hausherr

Die Wohnung, in der wir wohnen, gehört **dem Hausherrn**.
Wir zahlen unserem **Hausherrn** jeden Monat Miete.

The apartment we live in belongs to our landlord.
We pay our landlord rent every month.

1569   landlord

Manche Straßen haben mehrere **Fahrbahnen**.

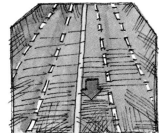

1570   lane

die Sprache

Deutsch ist Ullis erste **Sprache**.
Ulli möchte **eine** andere **Sprache** lernen.
Wie viele **Sprachen** sprichst du?

German is Ulli's first language.
Ulli wants to learn another language.
How many languages can you speak?

1571   language

die Laterne

1572   lantern

Das Baby sitzt auf ihrem **Schoß**.

1573   lap

die Lärche

1574   larch

das Schweinefett, das Schmalz

1575   lard

mächtig, groß

1576   large

die Lerche

1577   lark

die Wimper

1578   lash

das **letzte** Stück

1579   the **last** piece

Manche Dinge **halten** ewig.

1580   Some things do **last**.

Bitte **hak** die Tür **ein**!

1581   to latch

Du bist **verspätet**!

1582   You are **late**.

der Seifenschaum

1583   lather

lachen

1584   to laugh

Herrn Fuhrmanns **Motorboot**

1585   launch

abschießen

1586   to **launch**

die Abschußrampe

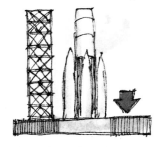

1587   launchpad

schmutzige **Wäsche**

1588   laundry/washing*

Karola wäscht ihre schmutzige Wäsche in **der Wäscherei**.

1589   laundry/launderette*

der Lavendel

1590   lavender

Befolge **die Gesetze**!

1591   Obey the law!

Hast du **den Rasen** gemäht?

1592   lawn

mit Fliesen **auslegen**

1594   to **lay** tiles

Schicht auf **Schicht**

1595   layer upon layer

Morgen, morgen, nur nicht heute, sagen alle **faulen** Leute.

1596   He is lazy.

der Rasenmäher

1593   lawn mower

Vinzenz **führt** das Pferd.

1597   to lead

der Leiter der Gruppe

1598   leader

das Blatt

1599   leaf

Der Eimer **läßt** Wasser **durch**.

1600   to leak

Der Turm **steht schief**.

1601   to lean

Ich **lerne** lesen.

1602   I learn to read.

die Leine

1603   leash/lead*

Schuhe sind aus **Leder**.

1604   Shoes are made of **leather**.

Ich **lasse** es hier.

1605   to **leave**

Toni **geht weg**.

1606   to **leave**

das Fenster**sims**

1607   ledge of a window

der Lauch

1608   leek

Bieg an der Ecke links ein!

1609   left

Er ist linkshändig.

1610   He is left-handed.

das Bein

1611   leg

die Legende vom Zyklopen

1612   legend

die Zitrone

1613   lemon

die Limonade

1614   lemonade

Ich leihe dir das Buch.

1615   to lend

das Brillenglas

1616   lens

Der Leopard lauert.

1617   leopard

die Trikothose

1618   leotard

Rechts ist weniger.

1619   There is less here.

Der weise Mann erteilt eine Lehre.

1620   lesson

Laß mich los!

1621   Let me go!

A ist der erste Buchstabe des Alphabets.

A

1622   letter of the alphabet

Ulli hat diesen Brief geschrieben.

1623   letter

der Kopfsalat

1624   lettuce

eine waagrechte Oberfläche

1625   level surface

der Hebel

1626   lever

Dem Lügner ist eine lange Nase gewachsen.

1627   liar

Ruhe in der Bibliothek!

1628   library

das Nummernschild

1629   licence plate/number plate*

lecken

1630   to lick

der Deckel

1631   lid

Ich weiß sofort, wenn er **lügt**.

1632   to lie

Dieses Baby hat gerade sein **Leben** begonnen.

1634   life

das Rettungsboot

1635   lifeboat

heben

1636   to lift

sich niederlegen

1633   to lie down

Mach **Licht**!

1637   light/table lamp*

Vati **zündet** die Kerze **an**.

1638   to light

die Glühbirne, die Glühlampe

1639   lightbulb

Sie **macht** seine Bürde **leichter**.

1640   She **lightens** the load.

der Leuchtturm

1641   lighthouse

der Blitz

1642   lightning

der Blitzableiter

1643   lightning rod

Grete **hat** ihre Katze **gern**.

1644   to like

wahrscheinlich

Sophie kommt morgen **wahrscheinlich** nicht.
Ulli, deine Geschichte ist kaum **wahrscheinlich**.

Sophie is not likely to come tomorrow.
Ulli, this is hardly a likely story.

1645   likely

Der Flieder blüht im Frühling.

1646   lilac

die Oster**lilien**

1647   lily

der Ast eines Baumes

1648   limb

die Limone

1649   lime

die Grenze

Ich muß **Grenzen** setzen: jedes Kind bekommt drei Bonbons.
Johanns Güte kennt keine **Grenzen**.

I must set limits: each kid gets three candies.
There is no limit to Johann's kindness.

1650   limit

Unser Nachbar **humpelt**.

1651   to limp

Kannst du **eine** ganz gerade **Linie** ziehen?

1652   line

unsere Bett- und Tisch**wäsche**

1653   linen

der Ozean**dampfer**

1654   liner

Meine Jacke hat **ein** warmes **Futter**.

1655   lining

sich einhaken, sich einhängen

1656   to link

die Fusseln

1657   lint

der Löwe

1658   lion

die Lippen

1659   lips

der Lippenstift

1660   lipstick

Wasser und Milch sind **Flüssigkeiten**.

1661   liquid

die Liste

1662   list

Sie **hören zu**.

1663   They are **listening**.

der Liter

1664   liter/litre*

Verstreu niemals deine **Abfälle**!

1665   to **litter**

ein **kleiner** Apfel

1666   a **little** apple

leben

Ulli **lebt** nicht weit von der Stadt.
Tante Ilse hat siebzig Jahre **gelebt**.
Es wäre schwer, am Mond zu **leben**.

Ulli lives near the city.
Aunt Ilse lived seventy years.
It would be difficult to live on the moon.

1667   to **live**

lebhaft

1668   lively

das Wohnzimmer

1669　living room/lounge*

die Eidechse

1670　lizard

Der Soldat **lädt** die Kanone.

1671　to load

Das Lastauto wird **beladen**.

1672　to load

ein frischer **Laib** Brot

1673　loaf

leihen

Egon hat Ulli Geld **geliehen**, weil sie ihr ganzes Taschengeld ausgegeben hat.

Egon loaned Ulli some money because she already spent her whole allowance.

1674　to loan/lend*

der Hummer

1675　lobster

Hast du die Tür **zugesperrt**?

1676　to lock

die Lokomotive

1678　locomotive

die Heuschrecke

1679　locust

eine Skihütte

1680　lodge/chalet*

Die Tür hat **ein Schloß**.

1677　lock

der Dachboden, die Dachwohnung

1681　loft

der Holzklotz

1682　log

der Lutscher

1683　lollipop

einsam

1684　lonely

Die Giraffe hat einen **langen** Hals.

1685　long

schauen

1686　to look

Ulli webt einen Schal auf ihrem **Webstuhl**.

1687　loom

eine Schlinge am Ende des Seils

1688　loop

lose

1689   loose

Toni **hat** einen Fäustling **verloren**.

1690   to lose

Diese **Lotion** schützt seine Haut.

1691   lotion

Die **laute** Musik tut Julies Ohren weh.

1692   loud

---

der Lautsprecher, das Megaphon

1693   loudspeaker

---

faulenzen, herumlungern

1694   to lounge

---

die Liebe

Das Wichtigste ist
die Liebe.
Ulli sagt, wenn man **Liebe**
hat, hat man alles.

*Love is the most important
thing.*
*Ulli says that if you have
love you have everything.*

1695   love

Wir **lieben** einander.

1696   to love

---

reizend

1697   lovely

---

ein **niedriger** Ast

1698   low branch

---

hinunterlassen, herunterlassen

1699   to lower

---

glücklich

Ulli ist **glücklich**, einen so
herzigen kleinen Bruder zu
haben.

*Ulli is lucky to have such a
cute little brother.*

1700   lucky

---

das Gepäck

1701   luggage

Lauwarmes Wasser ist weder heiß noch kalt.

1702   lukewarm water

Mutti singt **ein Wiegenlied**.

1703   lullaby

---

das Bauholz

1704   lumber/timber*

---

die Beule

1705   lump

---

ein leichtes **Mittagessen**

1706   lunch

---

die Vespertasche

1707   lunchbox

Gesunde **Lungen** sind wichtig.

1708   lung

die Illustrierte, das Magazin
1709 magazine

Maden sind eklig.
1710 maggot

Eine erstaunliche **Zauberei!**
1711 magic

der Magnet
1713 magnet

Was für eine **prachtvolle** Robe!
1714 magnificent

die Lupe
1715 magnifying glass

der Zauberer
1712 magician

die Elster
1716 magpie

aufgeben, einwerfen
1717 to mail/post*

der Briefträger
1718 mail carrier/postman*

Was **macht** Axel eigentlich?
1719 to make

Margit trägt **Make-up**.
1720 makeup

männlich und weiblich
1721 male

der Schlegel
1722 mallet

ein Mann und eine Frau
1723 man

die Mandarine
1724 mandarin

die Mandoline
1725 mandolin

Dieses Pferd hat **eine** graue **Mähne**.
1726 mane

Die Mango ist eine sehr süße Frucht.
1727 mango

Er hat gute Manieren.
1728 He has good manners.

viele
1729 many

die Landkarte
1730 map

Der Bildhauer meißelt eine Statue aus Marmor.
1731 marble

marschieren
1733 to march

März ist der dritte Monat des Jahres.
1734 March

Das weibliche Pferd ist eine Stute.
1735 mare

die Murmeln
1732 marbles

die Ringelblume
1736 marigold

Zeichne die richtige Antwort an.
1737 to mark

Du hast ausgezeichnete Noten.
1738 mark

Du bekommst es am Markt.
1739 market

heiraten
1740 to marry

der Sumpf
1741 marsh

Wenn Mutti Kartoffeln stampft, hilft Ulli immer mit.
1742 to mash potatoes

Es ist ja nur eine Maske.
1743 mask

die Masse
1744 mass

Jedes Segelboot hat einen Mast.
1745 mast

Andrea hat die Kunst des Radfahrens gemeistert.
1746 to master

das Tennismatch
1747 match

Spiel niemals mit **Zündhölzern!**

1748 match

die Mathematik

1749 mathematics

Was ist mit Guido los?
Es ist nichts los, er schaut nur traurig aus.

What is the matter with Guido?
Nothing is the matter, he just looks unhappy.

1750 matter

die Matratze

1751 mattress

Mai ist der fünfte Monat des Jahres.

1752 May

vielleicht

Ulli sollte **vielleicht** zu Hause bleiben.
Die Antwort ist weder ja noch nein, sondern **vielleicht**.

Maybe Ulli should stay home. The answer is not yes and it is not no, it is maybe.

1753 maybe

der Bürgermeister

1754 mayor

Ein Irrgarten nennt sich auch **Labyrinth**.

1755 maze

Blumen und Gräser wachsen auf **der Wiese**.

1756 meadow

der Lerchenstärling

1757 meadowlark

die Mahlzeit

1758 meal

ein **gemeiner** Kerl

1759 mean person

Franziska hat **Masern**.

1760 measles

messen

1 2 3 4 5 6

1761 to measure

das Fleisch

1762 meat

der Mechaniker

1763 mechanic

Sara hat **eine Medaille** für Tapferkeit bekommen.

1764 medal

Der Doktor entscheidet, welche **Arznei** du brauchst.

1765 medicine

die **mittlere** Größe

1766 medium

sich treffen

1767 to meet

Die Lehrer sind in einer **Konferenz** versammelt.	**die Melone**	**schmelzen, tauen**	Unser Klub hat vier **Mitglieder**.
1768 meeting	1769 melon	1770 to melt	1771 Our club has four **members**.

die Speisekarte, das Menü	**die Gnade** Wir sind dem Wetter auf Gnade und Ungnade ausgeliefert. Der Bandit zeigte niemandem Gnade. *We are at the mercy of the weather.* *The bandit showed no mercy to anyone.*	**die Seejungfrau, die Wasserjungfrau**	**fröhlich**
1772 menu	1773 mercy	1774 mermaid	1775 merry

ein heilloses **Durcheinander**	**Eine** wichtige **Nachricht** für dich.	**der Bote**	ein Krug aus **Metall**
1776 a real mess	1777 message	1778 messenger	1779 metal

Der Meteorit fällt vom Himmel.	**die Meßuhr**	1 **Meter** = ungefähr 40 Zoll	**die Methode** Ulli hat **eine Methode**, um Dinge rasch zu erlernen. **Eine Methode** ist die Art und Weise des Vorgehens. *Ulli has a method for learning quickly.* *A method is the way of doing things.*
1780 meteorite	1781 meter	1782 meter/metre*	1783 method

das Metronom	Therese singt ins **Mikrophon**.	**das Mikroskop**	**der Mikrowellenherd**
1784 metronome	1785 microphone	1786 microscope	1787 microwave oven

der Mittag	in **der Mitte**	**der Zwerg, der Liliputaner**	**die Mitternacht**
1788 midday	1789 in the middle	1790 midget	1791 midnight

die Meile	**die Milch**	**die Mühle**	**ein** hervorragender **Verstand**
Eine Meile ist 1,6 Kilometer. Die erlaubte Geschwindigkeit ist 30 **Meilen** pro Stunde. *One mile equals 1.6 kilometers.* *The speed limit is 30 miles per hour.*			$E = MC^2$
1792 mile	1793 milk	1794 mill	1795 mind

Das Bergwerk ist tief unter der Erde.	**Der Bergmann** prüft das Gestein.	**die Mineralien**	**die Elritze**
1796 mine	1797 miner	1798 minerals	1799 minnow

das Pfefferminz, die Minze	**minus**	Eine Stunde hat sechzig **Minuten.**	Etwas ist bei diesem **Wunder** schiefgegangen.
	$7 - 5 = 2$		
1800 mint	1801 minus	1802 minute	1803 miracle

eine **Fata Morgana** in der Wüste	**der Spiegel**	**Ein Geizhals** will mit niemandem teilen.	Mir **fehlt** meine Familie.
1804 mirage	1805 mirror	1806 miser	1807 to miss

die Rakete

1808 missile

Robert hat sich im **Nebel** verirrt.

1809 mist

---

die Mistel, der Mistelzweig

1810 mistletoe

---

die Fäustlinge

1811 mittens

---

mischen

1812 to mix

---

der Mixer, das Mixgerät

1813 mixer

Der Burggraben ist voll Wasser.

1814 moat

---

spotten

1815 to mock

---

die Spottdrossel

1816 mockingbird

---

das **Modell**flugzeug

1817 model airplane/aeroplane*

---

ein **moderner** Stuhl

1818 modern chair

Dieses Baby ist trotz **feuchter** Windel recht fröhlich.

1819 moist

---

der Maulwurf

1820 mole

Ich habe **ein Muttermal** auf der Wange.

1821 mole

Einen Moment bitte!

1822 One moment please.

Montag

Montag ist der erste Tag der Woche.
Jeden **Montag** steht Ulli früh auf.

Monday is the first day of the week.
Every Monday, Ulli gets up early.

1823 Monday

---

das Geld

1824 money

---

der Affe

1825 monkey

---

der Engelhai

1826 monkfish

---

das Ungetüm, das Ungeheuer

1827 monster

1828 — Das Jahr hat zwölf **Monate**. — month

1829 — das Denkmal, das **Monument** — monument

1830 — Er ist guter **Laune**. — He is in a good **mood**.

1831 — Er ist schlechter **Laune**. — He is in a bad **mood**.

1832 — die **Mond**sichel — moon

1833 — der **Elch** — moose

1834 — der **Morgen** — morning

1835 — **Mörser** und Stößel — mortar and pestle

1836 — das **Mosaik** — mosaic

1837 — der **Moskito** — mosquito

1838 — das **Moos** — moss

1839 — die **Mutter** — mother

1840 — der Elektro**motor** — motor

1841 — das **Motorrad** — motorcycle

1842 — die Kuchen**form** — mould*/mold

1843 — der Erd**haufen** — mound

1844 — Er **steigt auf** sein Pferd und beginnt seinen Arbeitstag. — to mount

1845 — der **Berg** — mountain

1846 — die **Maus** — mouse

1847 — der **Schnurrbart** — moustache*/mustache

der Mund	Schnecken **bewegen sich** langsam.	**die** Pendel**bewegung**	**das Kino**
1848 mouth	1849 to move	1850 movement	1851 movie/film*
den Rasen **mähen**	zu **viel** für mich	Warum sitzt er im **Schlamm**?	**der Maulesel**
1852 to **mow** the lawn	1853 too **much** for me	1854 mud	1855 mule
multiplizieren	**der Mumps**	Wer jemandem **ermordet**, ist ein Verbrecher.	**der Muskel**
1856 multiply	1857 mumps	1858 to murder	1859 muscle
das Museum	Manche **Pilze** sind giftig.	Ulli hat gern **Musik**.	Ullis Mutter is **Musikerin**.
1860 museum	1861 mushroom	1862 music	1863 musician
die Muschel	Du **mußt** springen!	**der Senf**	**der Maulkorb**
1864 mussel	1865 You **must** jump.	1866 mustard	1867 muzzle

N

der Nagel

1868   nail

der Fingernagel

1869   fingernail

die Nagelzange

1870   nail clipper

nackt

1872   naked

Mein **Name** ist...

1873   My name is...

die Serviette

1874   napkin/serviette*

nageln

1871   to nail

zu **schmal**, um durchzugehen

1875   too **narrow** to pass

Island ist **eine Nation**.

1876   nation

natürlich

Es ist gesund, **natürliche** Nahrungsmittel zu essen. Obst enthält **natürlichen** Zucker.

*It is healthy to eat natural foods.
Fruit contains natural sugar.*

1877   natural

Die Natur ist herrlich.

1878   nature

Sie ist **unartig**.

1879   She is **naughty**.

navigieren

1880   to navigate

Sie ist schon **nahe**.

1881   near

gepflegt

1882   neat

nicht angenehm, aber **notwendig**

1883 Not pleasant, but **necessary**.

der Hals

1884   neck

das Halsband

1885   necklace

Die Bienen sammeln **Nektar**, um Honig zu machen.

1886   nectar

die Nektarine

1887   nectarine

die Not

In der **Not** erkennt man
seine Freunde.
Ulli hilft immer ihren
Freunden in **Not**.

*A friend in need is a friend
indeed.
Ulli always helps her friends
in need.*

1888   need

Ich **brauche** Wasser.

1889   I need water.

Kannst du **eine Nadel** einfädeln?

1890   needle

Er **vernachlässigt** seinen Hund.

1891   He neglects his dog.

Das Pferd **wieherte**, um Ulli aufzuwecken.

1892   to neigh

die Nachbarn

1893   neighbors/neighbours*

Keiner der Schuhe paßt.

1894   neither one fits

die Neonreklame

1895   neon sign

Mein **Neffe** ist der Sohn meines Bruders.

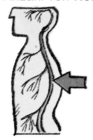

1896   My nephew is my brother's son.

Der Körper enthält eine große Anzahl von **Nerven**.

1897   nerve

Alex ist sehr **nervös**.

1898   nervous

In diesem **Nest** sind zwei Eier.

1899   nest

Die Nessel brennt die Haut.

1900   nettle

Spiel **niemals** mit Feuer!

1901   Never play with fire!

neu

1902   new

die Nachrichten

Mutti hört **die Nachrichten**.
Die Nachrichten sind gut.
Hast du **Nachrichten** von
zu Hause?

*Mother listens to the news.
The news is good.
Any news from home?*

1903   news

die Zeitung

1904   newspaper

Sie sind die **nächste** an der Reihe.

1905   Next !

Das Eichhörnchen **knabbert** an einer Nuß.

1906   to nibble

Eines dieser zwei Kinder ist sehr lieb.

1907 nice

das Nickel

1908 nickel

der Spitzname

Sie heißt Ulli Huber, aber ihr **Spitzname** ist Gucki.

Her name is Ulli Huber but her nickname is Gucki.

1909 nickname

Meine Nichte ist die Tochter meines Bruders.

1910 My niece is my brother's daughter.

Die Eulen jagen bei Nacht.

1911 night

die Nachtigall

1912 nightingale

Ein Alptraum ist ein böser Traum.

1913 nightmare

neun

1914 nine

Meine Antwort ist NEIN.

1916 no

edel

Der Ritter Woldemar war **edel** und **großmütig**.
Es war eine **edle** Tat, der alten Dame über die **Straße** zu helfen.

Sir Woldemar was noble and generous.
Helping the old lady across the street was a noble deed.

1917 noble

der Edelmann

1918 nobleman

das neunte Viereck

1915 ninth

Hier sitzt niemand.

1919 nobody

der Lärm

1920 noise

Es ist zwölf Uhr Mittag.

1921 noon

der Norden, Nord

1922 north

Auf meiner Nase sitzt eine Fliege.

1923 nose

die Nüsse

1924 nuts

der Nußknacker

1925 nutcracker

die Nylonstrumpfhose

1926 nylon stockings/tights*

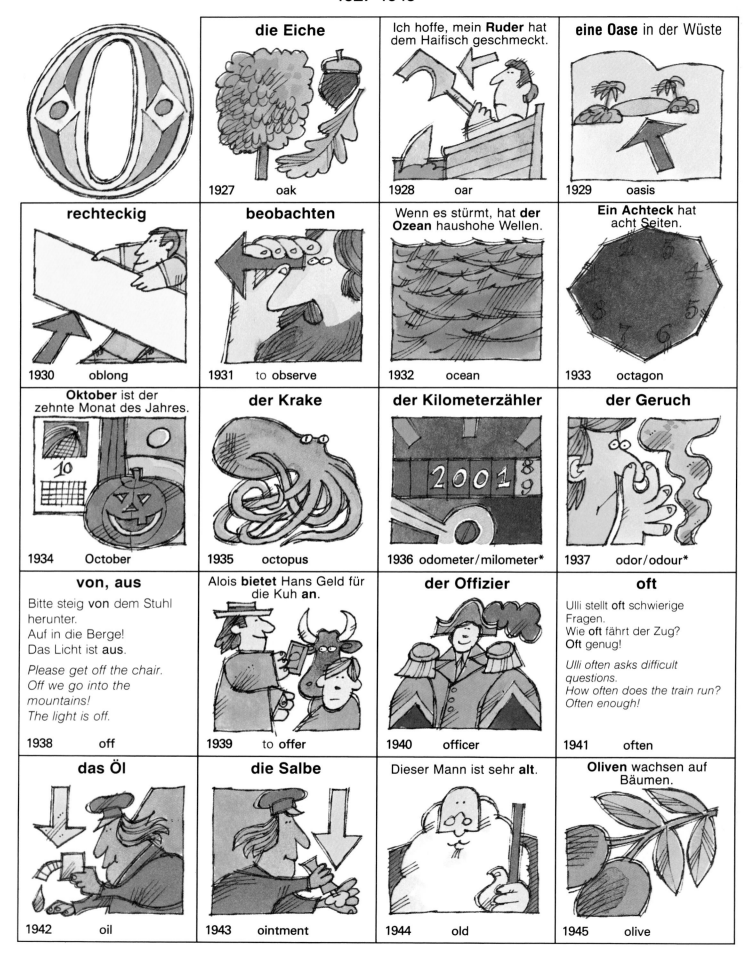

die Eiche
1927   oak

Ich hoffe, mein **Ruder** hat dem Haifisch geschmeckt.
1928   oar

eine Oase in der Wüste
1929   oasis

rechteckig
1930   oblong

beobachten
1931   to observe

Wenn es stürmt, hat **der Ozean** haushohe Wellen.
1932   ocean

Ein Achteck hat acht Seiten.
1933   octagon

Oktober ist der zehnte Monat des Jahres.
1934   October

der Krake
1935   octopus

der Kilometerzähler
1936   odometer/milometer*

der Geruch
1937   odor/odour*

von, aus
Bitte steig **von** dem Stuhl herunter.
Auf in die Berge!
Das Licht ist **aus**.

Please get off the chair.
Off we go into the mountains!
The light is off.
1938   off

Alois **bietet** Hans Geld für die Kuh **an**.
1939   to offer

der Offizier
1940   officer

oft
Ulli stellt **oft** schwierige Fragen.
Wie **oft** fährt der Zug?
Oft genug!

Ulli often asks difficult questions.
How often does the train run?
Often enough!
1941   often

das Öl
1942   oil

die Salbe
1943   ointment

Dieser Mann ist sehr **alt**.
1944   old

Oliven wachsen auf Bäumen.
1945   olive

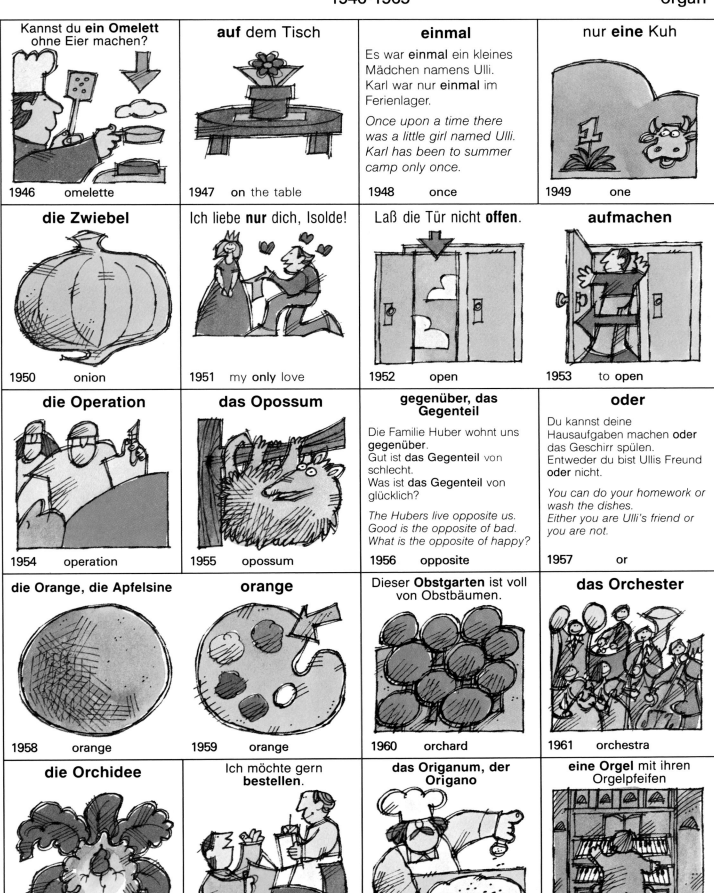

Kannst du ein Omelett ohne Eier machen?

1946   omelette

auf dem Tisch

1947   on the table

einmal

Es war **einmal** ein kleines Mädchen namens Ulli.
Karl war nur **einmal** im Ferienlager.

Once upon a time there was a little girl named Ulli. Karl has been to summer camp only once.

1948   once

nur eine Kuh

1949   one

die Zwiebel

1950   onion

Ich liebe nur dich, Isolde!

1951   my only love

Laß die Tür nicht offen.

1952   open

aufmachen

1953   to open

die Operation

1954   operation

das Opossum

1955   opossum

gegenüber, das Gegenteil

Die Familie Huber wohnt uns **gegenüber**.
Gut ist **das Gegenteil** von schlecht.
Was ist **das Gegenteil** von glücklich?

The Hubers live opposite us. Good is the opposite of bad. What is the opposite of happy?

1956   opposite

oder

Du kannst deine Hausaufgaben machen **oder** das Geschirr spülen.
Entweder du bist Ullis Freund **oder** nicht.

You can do your homework or wash the dishes. Either you are Ulli's friend or you are not.

1957   or

die Orange, die Apfelsine

1958   orange

orange

1959   orange

Dieser Obstgarten ist voll von Obstbäumen.

1960   orchard

das Orchester

1961   orchestra

die Orchidee

1962   orchid

Ich möchte gern bestellen.

1963   to order

das Origanum, der Origano

1964   oregano

eine Orgel mit ihren Orgelpfeifen

1965   organ

die Goldamsel, der Pirol

1966   oriole

Ein Waisenkind hat keine Eltern.

1967   orphan

Der Strauß kann nicht fliegen.

1968   ostrich

Der Otter frißt Fische.

1969   otter

Sechzehn **Unzen** machen ein Pfund.

1970   ounce

im **Freien**, in der **Natur**

1971   outdoors

Gefällt dir meine **Kleidung**?

1972   outfit

oval

1973   oval

Der Apfelkuchen ist in der **Röhre**.

1974   oven

Mann **über Bord**!

1975   Man overboard!

der Mantel

1976   overcoat

überlaufen

1977   to overflow

der Überschuh, die Galosche

1978   overshoe

umkippen, kentern

1979   to overturn

schuldig sein, schulden

Du **bist** dem Lehrer Respekt **schuldig**.
Es ist am besten, man **schuldet** kein Geld.

You owe respect to your teacher.
It is best not to owe any money.

1980   to owe

die Eule

1981   owl

haben, besitzen

Ute **hat** ihr eigenes Fahrrad.
Onkel Harry **besitzt** ein kleines Haus.

Ute owns her own bicycle.
Uncle Harry owns a small house.

1982   to own

der Ochs

1983   ox

der Sauerstoff

1984   oxygen

In der **Auster** ist eine Perle.

1985   oyster

P

Ulli **packt** ihren Beutel.

1986   to pack

das Paket

1987   package

Jemand hat auf meinem **Block** gekritzelt.

1988   pad

Gerda hält **das Paddel** in der Hand.

1990   paddle

paddeln

1991   to paddle

das Vorhängeschloß

1992   padlock

die Abschußrampe

1989   pad

Bitte dreh **die Seite** um.

1993   page

Ein voller **Eimer** ist sehr schwer.

1994   pail

die Farbe

1996   paint

Vorsicht! Frisch gestrichen!

1997   wet paint

Gerd hat sich den Finger verletzt und hat **Schmerzen**.

1995   pain

der Anstreicher

2000   painter

Tante Renate hat Gerd gesagt, er soll den Zaun **streichen**.

1998   to paint

der Pinsel

1999   paintbrush

das Gemälde

2001   painting

ein Paar Schuhe

2002   a pair of shoes

der Palast

2003   palace

Diese Blume hat eine ziemlich **blasse** Farbe.

2004   pale

die Palette

2005   palette

die Handfläche

2006   palm

die Pfanne

2007   pan

Pfannkuchen sind Ullis Lieblingsspeise.

2008   pancake

der Panda

2009   panda

die Instrumenten**tafel**, **die** Schalt**tafel**

2010   panel

die Panflöte

2011   panpipe

das Stiefmütterchen

2012   pansy

keuchen

2013   to pant

der Panther

2014   panther

die Hose

2015   pants/trousers*

die Papaya

2016   papaya

das Papier

2017   paper

der Fallschirm

2018   parachute

die Parade

2019   parade

parallele Linien

2020   parallel lines

Die kleine Maus ist vor Angst **gelähmt**.

2021   paralyzed/paralysed*

Ulli hat dieses **Paket** mit der Post bekommen.

2022   parcel

Die Eltern sind die Mutter und der Vater.

2023   parent

Die Großmama sitzt gern im **Park**.

2024   park

Ullis Papa **parkt** seinen Wagen hier.	**der Parka**	**das Parlament**sgebäude	Dieser **Papagei** spricht mehrere Sprachen.
2025 to park	2026 parka	2027 parliament	2028 parrot
die Petersilie	**der Pastinak, die Pastinake**	Staub**körnchen** tanzen in der Luft.	Karl ist **ein** guter **Partner**.
2029 parsley	2030 parsnip	2031 particle	2032 partner
Ulli mag **eine** lustige **Party**.	Marie **spielt** den Ball **zu**...	aber Johann **fällt in Ohnmacht**.	**der Korridor, der Gang**
2033 party	2034 to **pass**	2035 to **pass** out	2036 passage
der Passagier	Für Reisen ins Ausland braucht man einen **Paß**.	**vorbei** Ullis Schlafenszeit ist längst vorbei. Otto fuhr an unserem Haus vorbei. *It is long past Ulli's bedtime.* *Otto drove past our house.*	Beispiele von **Pasta** sind Spaghetti und Makkaroni.
2037 passenger	2038 passport	2039 past	2040 pasta
Kurt **klebt** die Tapete auf.	Handarbeiten ist ihr Lieblings**zeitvertreib**.	Kuchen und Plätzchen sind **Gebäck**.	Die Schafe grasen auf der **Weide**.
2041 to paste	2042 pastime	2043 pastry	2044 pasture

ein Fleck am rechten Platz

2045   patch

der Pfad, der Fußweg

2046   path

Ulli ist **geduldig.**

2047   She is patient.

ein ängstlicher **Patient**

2048   patient

das Schnitt**muster** für ein Kleid

2049   pattern

eine Pause machen

Ulli hat zwei Seiten gelesen und **machte** dann **eine Pause.** Sie mußte **eine** Atem**pause machen.**

Ulli read two pages after which she made a pause.
She had to pause for breath.

2050   to pause

auf **die Straße** treten

2051   pavement/road*

Wieviele **Pfoten** hat eine Katze?

2052   paw

Deine Eltern müssen viel **bezahlen.**

2053   to pay

der Münzfernsprecher

2054 pay phone/phone box*

der Frieden, Friede auf Erden

2055   peace

der Pfirsich

2056   peach

der Pfau

2057   peacock

der Gipfel

2058   peak

das Glockenläuten

2059   peal of a bell

die Erdnuß, die Aschantinuß

2060   peanut

die Birne

2061   pear

die Perle

2062   pearl

Erbsen in der Schote

2063   peas

In einer Mischung von **Torfmoos** und Erde wachsen Pflanzen gut.

2064   peat moss

Kiesel am Strand	**Die Pekannuß** kommt vom Pekannußbaum.	**picken**	**das Pedal**
2065 pebbles	2066 pecan	2067 to peck	2068 pedal
der Fußgänger	**der Fußgängerüberweg**	**schälen**	**strampeln, flott radfahren**
2070 pedestrian	2071 pedestrian crossing	2072 to peel	2069 to pedal
der Pelikan	**der Füller, der Kuli, die Feder**	**der Bleistift**	**die Pendel**uhr
2073 pelican	2074 pen	2075 pencil	2076 pendulum
der Pinguin	**das Taschenmesser**	**Das Fünfeck** hat fünf Seiten.	viele vergnügte **Leute**
2077 penguin	2078 penknife	2079 pentagon	2080 people
die **Pfeffer**mühle	**das Pfefferminz, die Pfefferminze**	**der Barsch**	Sitzt dieser Vogel auf einem Zweig oder auf einer **Stange**?
2081 pepper	2082 peppermint	2083 perch	2084 perch

Es war eine hervorragende **Darstellung**.

2085 performance

das Parfüm

2086 perfume

Der Punkt steht am Ende des Satzes.

glurg.

2087 period/full stop*

das Immergrün

2088 periwinkle

die Person

2089 person

der Schädling

2090 pest

Bruno **plagt** seinen Vater.

2091 to pester

Das ist kein **Haustier**!

2092 pet

Eine Blume hat **Blütenblätter**.

2094 petal

die Petunie

2095 petunia

Die Apothekerin hat die Arznei zubereitet.

2096 pharmacist/chemist*

Das Baby **streichelt** den Hund.

2093 to pet

die Apotheke

2097 pharmacy/chemist's*

der Fasan

2098 pheasant

das Telefon

2099 phone

die Fotografie

2100 photograph

das Klavier

2101 piano

Zieh eine Karte!

2102 to pick

Emilie **hebt** die Puppe **auf**.

2103 to pick up

die Spitzhacke

2104 pickaxe

eingelegte Gurken

2105   pickles

Ulli weiß, wie man Pilze **einlegt**.

2106   to pickle

das Picknick

2107   picnic

Pablos **Bilder** sind eigentümlich.

2108   picture

der Kirsch**kuchen**

2109   pie

ein Stück Kirschkuchen

2110   a piece/slice* of pie

zusammenstückeln

2111   to piece together

ein Pier am Meer

2112   pier

das Schwein

2113   pig

die Taube

2114   pigeon

der Schweinestall

2115   pigsty

ein Haufen Erde

2116   pile

Pillen können sehr gefährlich sein.

2117   pill/tablet*

der Pfeiler

2118   pillar

Katzen liegen gern auf einem **Kissen**.

2119   pillow

der Kissenbezug

2120   pillowcase

Jedes Flugzeug braucht einen **Piloten**.

2121   pilot

der Pickel, die Pustel

2122   pimple

die Scheren

2123   pincers

Zwicken kann weh tun.

2124   to pinch

die Kiefer

2125   pine

Die Ananas wächst nicht auf einem Baum.

2126   pineapple

rosa

2127   pink

Martin raucht gern Pfeife

2128   pipe

der Seeräuber

2129   pirate

die Pistazie

2130   pistachio

eine uralte Pistole

2131   pistol

Martin wirft den Ball.

2132   to pitch

Mitleid haben

Ulli hat Mitleid mit dem Jungen, der seine Katze verloren hat.

Ulli pities the boy who lost his cat.

2136   to pity

der Ort

Der schönste Ort ist immer noch der Heimatsort. Möchtest du zu uns kommen?

There is no place like home.
Would you like to come to our place?

2137   place

die Scholle

2138   plaice

der Wurf

He! Das war ein guter Wurf!
Diese Dame singt falsch.

Hey, that was a good pitch!
This lady sings off pitch.

2133   pitch

ein schlichtes Hemd

2139   plain shirt

die Ebene

2140   plain

planen, entwerfen

2141   to plan

die Heugabel

2134   pitchfork

Dieser Hobel gehört dem Tischler.

2142   plane

Die Planeten kreisen um die Sonne.

2143   planets

das Brett

2144   plank

das Teerpech

2135   pitch tar

die Pflanzen   **pflanzen**

2145   plants   2146   to plant

der Gips   Paula **verputzt** die Wand.

2147   plaster   2148   to plaster

der Kunststoff

2149   plastic

das Plastilin

2150   plasticine

Das ist Ullis **Teller**.

2151   plate

das Plateau, die Hochebene

2152   plateau

Der Zug ist am **Bahnsteig**.

2153   platform

spielen   **der Spielplatz**

2154   to play   2155   playground

die Spielkarten

2156   playing cards

flehen

2157   to plead

ein **angenehmer** Tag

2158   a **pleasant** day

Ein Glas Milch **bitte**!

2159 A glass of milk, **please**.

Dieser Schottenrock hat viele **Falten**.

2160   pleat

die Zange

2161   pliers

der Pflug

2162   plow/plough*

rupfen

2163   to pluck

der Stecker

2164   plug

der Stöpsel
2165   plug

die Pflaume
2166   plum

der Klempner, der Installateur
2167   plumber

dick und fett
2168   plump

die Mehrzahl, der Plural

'Ein' ist Einzahl oder Singular.
'Viele' ist **Mehrzahl** oder Plural.
'Kinder' ist **die Mehrzahl** oder **der Plural** von 'Kind'.

'One' is singular, 'many' is plural.
'Children' is the plural of 'child'.

2169   plural

Eins plus eins ist. . .
2170   plus

das Sperrholz
2171   plywood

Jacques pochiert Eier.
2172   to poach

die Tasche
2173   pocket

die Erbsenschote
2174   pea pod

das Gedicht

Ein Dichter darf **Gedichte** schreiben
und sollte bei der Wahrheit bleiben.
Doch bleibt er bei der Wahrheit nicht,
So ist es trotzdem **ein Gedicht**.

2175   poem

Es ist unhöflich, mit dem Finger zu zeigen.
2177   to point

die Poinsettie
2176   poinsettia

das Gift
2180   poison

giftig

Der Stich gewisser Insekten ist **giftig**.
Es gibt nicht viele **giftige** Schlangen.

Some insects have a poisonous sting.
There are not many poisonous snakes.

2181   poisonous

eine sehr scharfe Spitze
2178   point

stupsen
2182   to poke

der Eisbär
2183   polar bear

der Leitungsmast
2184   pole

spitzig
2179   pointed

der Polizist	**die Polizistin**	**polieren**	**artig, höflich**
2185 policeman	2186 policewoman	2187 to polish	Jedermann mag **artige** Kinder. Der Lehrer erwartet eine **höfliche** Antwort. *Everybody likes polite children.* *The teacher expects a polite answer.* 2188 polite
der Blütenstaub, der Pollen	**der Granatapfel**	**der Teich**	**das Pony**
2189 pollen	2190 pomegranate	2191 pond	2192 pony
Spaß im **Schwimmbad**	Wir **legen** alle unsere Mittel **zusammen**.	**arm, schlecht**	**knallen lassen, knallen**
2193 pool	2194 to pool	Ulli hatte **schlechten** Erfolg, weil sie sich keine Mühe gab. Ihre Familie ist nicht **arm**, aber reich ist sie auch nicht. *Ulli had poor results because she did not make an effort. Her family is not poor but it is not rich either.* 2195 poor	2196 to pop
die Pappel	**die Mohnblume, der Mohn**	**beliebt, populär**	Alex sitzt auf der **Veranda**.
2197 poplar	2198 poppy	Ulli ist allgemein **beliebt**. Das ist ein sehr **populäres** Buch. *Ulli is quite a popular girl.* *This book is very popular.* 2199 popular	2200 porch
Die Poren sind kleine Öffnungen in der Haut.	**Haferbrei** ist eine Frühstücksspeise.	**der Hafen**	**tragbar**
2201 Pores are little holes in the skin.	2202 porridge	2203 port	Ulli kann ihren Fernseher nicht aufs Picknick mitnehmen, weil er kein **tragbarer** Fernseher ist. *Ulli cannot take her television set to the picnic because it is not portable.* 2204 portable

der Gepäckträger, der Träger

2205   porter

Tante Veras Porträt

2206   portrait

der Pfosten

2207   post

Peter **wirft** einen Brief **ein**.
Er **gibt** den Brief **auf**.

2208   to post

die Ansichtskarte

2210   postcard

das Plakat, der Poster

2211   poster

der Topf

2212   pot

das Postamt

2209   post office

die Kartoffel

2213   potato

das Steingut

2214   pottery

der Beutel

2215   pouch

Die Katze **stürzt sich** auf den Ball.

2216   to pounce

das Pfund

Vier Bananen wiegen
ungefähr **ein Pfund**.
Ein Pfund ist ziemlich viel
Geld in England.

*Four bananas weigh about
a pound.*
*One pound is quite a lot of
money in England.*

2217   pound

hämmern, klopfen, zerstoßen

2218   to pound

gießen, schütten

2219   to pour

schmollen

2220   to pout

das Puder

2221   powder

üben

2222   to practice/practise*

Auf den **Prärien** wächst
viel Weizen.

2223   prairie

loben

2224   to praise

Das Pferd **tänzelt**.	**beten**	Ich **mag** diese Sorte **lieber**.	Sie ist **schwanger**.
2225 to prance	2226 to pray	2227 to prefer	2228 She is pregnant.
Hier! Ich bin **anwesend**.	**das** Geburtstags**geschenk**	Franz **präsentiert** die Trophäe.	**eingemachtes Obst, eingewecktes Obst**
2229 I am present.	2230 birthday present	2231 to present	2232 preserved fruit
auf den Knopf **drücken**	**hübsch**	Die Eule hat ihre **Beute** gefangen.	**der Preis**
2233 to press	2234 pretty	2235 prey	2236 price
stechen	ein **stacheliges** Tier	**die Volksschule, die Grundschule**	**die Schlüsselblume**
2237 to prick	2238 prickly animal	2239 primary school	2240 primrose
der Prinz	**die Prinzessin**	**der Schuldirektor**	**das Prinzip, der Grundsatz**
2241 prince	2242 princess	2243 school principal/Head teacher*	2244 principle

Im **Prinzip** bin ich mit dir einverstanden.
Die Wahrheit ist **ein** heiliger Grundsatz.

In principle, I agree with you.
Truth is a sacred principle.

drucken

2245   to print

Schau, wie **das Prisma** das Licht zerlegt.

2246   prism

Fritz ist für sein Verbrechen ins **Gefängnis** gekommen.

2247   prison

der Gefangene

2248   prisoner

privat

Ulli und ich unterhalten uns **privat**.
Otto nimmt **Privat**stunden.

Ulli and I are having a private talk.
Otto takes private lessons.

2249   private

Ulli hat dieses Jahr **den** ersten **Preis** im Schwimmen gewonnen.

2250   prize

das Problem

2251   problem

Obst und Gemüse

2252   produce

Es gibt wenig gute Fernseh**programme**.

2254   program/programme*

verboten

2255   prohibited

das Projekt

Erika arbeitet an einem **Projekt**.
Ulli hatte keinen guten Erfolg mit ihrem **Projekt**.

Erika is working on a project.
Ulli did not do well on her project.

2256   project

Dieses Werk **erzeugt** Autos.

2253   This factory **produces** cars.

Ich **verspreche**.

2257   I promise.

Diese Mistgabel hat vier **Zinken**.

2258   prong

Sprich jedes Wort sorgfältig **aus**.

2259   to pronounce

der Beweis für Miezes Schuld

2260   proof of guilt

abstützen

2261   to prop

der Propeller

2262   propeller

richtig angezogen

2263   properly dressed

das Eigentum, der Grundbesitz

Ulli sagt, ''Das gehört mir'', wenn sie meint, es ist ihr **Eigentum**.
Ihre Familie hat **Grundbesitz** auf dem Land.

Ulli says ''This is mine'' when she means it is her property.
Her family owns property in the country.

2264   property

protestieren

2265　　to protest

Ich bin eine **stolze** Katze.

2266　I am a **proud** cat.

Ich kann es **beweisen**, Herr Richter!

2267　　to prove

das Sprichwort

Hier ist **ein Sprichwort**: ''Der Apfel fällt nicht weit vom Baum.''

2268　　proverb

Stühle **bereitstellen**

2269　to **provide** chairs

Eine Backpflaume ist eine getrocknete Pflaume.

2270　　prune

ausästen

2271　　to prune

der **öffentliche** Fernsprecher

2272　public telephone/**phone box***

Pudding zum Nachtisch

2273　　pudding/afters*

die Pfütze

2274　　puddle

paffen

2275　　to puff

der Papageitaucher, der Lund

2276　　puffin

ziehen

2277　　to pull

die Riemenscheibe

2278　　pulley

der Pullover

2279　　pullover/sweater*

Der Doktor fühlt Ullis **Puls**.

2280　　pulse

die Pumpe

2281　　pump

pumpen

2282　　to pump

der Kürbis

2283　　pumpkin

mit der Faust **schlagen**

2284　　to punch

Du bist **pünktlich**.	Der böse Otto **sticht ein Loch** in den Reifen.	**bestrafen**	**die Strafe**
2285 You are punctual.	2286 to puncture	2287 to punish	2288 punishment
die Marionette	**das Hündchen**	**reines** Wasser	**lila, violett**
2289 puppet	2290 puppy	2291 pure water	2292 purple
Die Katze **schnurrt**, wenn sie zufrieden ist.	**die Handtasche**	Rex **verfolgt** Mieze.	**schieben, stoßen**
2293 to purr	2294 purse/handbag*	2295 to pursue	2296 to push
Leg es **hin**.	**weglegen**	Gerd **schiebt** seine Hausaufgaben auf später **hinaus**.	**Der Kitt** hält die Fensterscheiben fest.
2297 to put	2298 to put away	2299 to put off	2300 putty
das Puzzle	**der Schlafanzug**	**die Pyramide**	**der Python, die Pythonschlange**
2301 puzzle	2302 pyjamas*/pajamas	2303 pyramid	2304 python

die Wachtel

2305   quail

eine Uhr von hoher **Qualität**

2306   quality watch

Quantität ist soviel wie Menge.

2307   quantity

sich streiten, zanken

2308   to quarrel

ein Lastwagen am Rand **eines Steinbruches**

2309   quarry

das Viertel

2310   quarter

Das Boot hat am **Kai** angelegt.

2311   quay

die Königin

2312   queen

eine Frage stellen

2313   to ask a question

Mach **schnell!**

2314   quick

Das Pferd versinkt im **Schwimmsand**.

2315   quicksand

Sie ist **still**.

2316   She is quiet.

der Federkiel

2317   quill

Das Stachelschwein ist mit **Stacheln** bedeckt.

2318   porcupine quill

die Steppdecke

2319   quilt/eiderdown*

die Quitte

2320   quince

ein Köcher voll von Pfeilen

2321   quiver

zittern, beben

2322   to quiver

das Quiz

Unsere Klasse hat heute **ein** Rechtschreib**quiz** gehabt.

Our class had a spelling quiz today.

2323   quiz

R

das Kaninchen

2324   rabbit

der Waschbär

2325   raccoon

um die Wette laufen

2326   to race

der Kleiderständer

2327   rack/hat-stand*

Theodor macht **einen Radau**.

2328   racket

der Heizkörper

2329   radiator

das Radio

2330   radio

der Rettich, das Radieschen

2331   radish

der Radius eines Kreises

2332   radius

das Floß

2333   raft

ein Überfall in vollem Gange

2334   a raid in progress

Halt dich am **Geländer** fest.

2335   handrail/banister*

das Eisenbahngeleise, das Gleis

2336   railroad track/railway track*

Es **regnet** in Strömen.

2337   to rain

Ulli beobachtet gern **Regenbogen**.

2338   rainbow

der Regenmantel

2339   raincoat

heben, aufwerfen

Alle, die Ulli gern mögen: **hebt** die Hand!
Sie hat eine interessante Frage **aufgeworfen**.

*All those who like Ulli, raise your hands!
She has raised an interesting question.*

2340   to **raise**

Rosinen sind getrocknete Weinbeeren.

2341   raisin

die Harke, der Rechen

2342   rake

an die Tür **klopfen**	**rasch, schnell**	**selten**	Er hat **einen Ausschlag**.
2343 to rap/knock*	2344 rapid	2345 rare	2346 rash
die Himbeere	**die Ratte**	**die Rassel**	**die Klapperschlange**
2347 raspberry	2348 rat	2349 rattle	2350 rattlesnake
der Rabe	**heißhungrig, ausgehungert**	**die Schlucht**	ein **rohes** Ei
2351 raven	2352 ravenous	2353 ravine	2354 a raw egg
der Sonnen**strahl**	**der Rasierapparat**	Willi **reicht** nach der Zuckerdose und **erreicht** sie!	**lesen**
2355 ray of sunlight	2356 razor	2357 to reach	2358 to read
Auf die Plätze! **Fertig**! Los!	Ist das ein **echter** Diamant?	Das **leuchtet** mir **ein**. Ich **begreife** es!	Bist du **wirklich** hier?
2359 ready	2360 real	2361 to realize/realise*	2362 Are you **really** here?

der Hintern, das Gesäß

2363   rear

der Rückblickspiegel

2364   rearview mirror

Theo **argumentiert** mit der Lehrerin.

2365   to reason

angemessen, vernünftig

Das ist ein **angemessener** Preis.
Ulli, sei doch **vernünftig**!

That is a reasonable price.
Ulli, please be reasonable!

2366   reasonable

rebellieren

Die Leute **rebellieren** gegen hohe Steuern.
Spartakus **rebellierte** gegen Rom.

People rebel against high taxes.
Spartacus rebelled against Rome.

2367   to rebel

Ich **erinnere mich** nicht.

2368   I do not recall.

bekommen

2369   to receive

vor kurzem ausgeschlüpft

2370   recently hatched

das Rezept

2371   recipe

Kannst du ein Gedicht **aufsagen**?

2372   to recite

die Schallplatte

2373   record

der Plattenspieler

2374   record player

sich erholen, zurückbekommen

Ulli hat sich das Knie arg aufgeschunden, aber sie wird **sich** davon rasch **erholen**.
Ich habe alle Bücher, die ich Ulli geliehen hatte, **zurückbekommen**.

Ulli scraped her knee badly but she will recover quickly.
I recovered all the books which I had loaned Ulli.

2375   to recover

das Rechteck

2376   rectangle

rot

2377   red

das Ried, das Schilf

2378   reed

das Korallenriff

2379   reef

Etwas **stinkt** da unten sehr!

2380   to reek

Die Angelschnur ist auf **die Rolle** aufgewickelt.

2381   reel

der Schiedsrichter, der Ringrichter

2382   referee

das Spiegelbild

2383 reflection

Laß niemals die Tür vom **Kühlschrank** offen!

2384 refrigerator

ablehnen

2385 to refuse

die Gegend

2386 region

sich einschreiben, sich anmelden

2387 to register

Gerd **bedauert**, was passiert ist.

2388 to regret

Die Schauspieler **proben** ein Theaterstück.

2389 Actors **rehearse** a play.

das Rentier, das Ren

2390 reindeer

die Zügel

2391 reins

die Verwandten

2392 relatives

sich entspannen, ausspannen

2393 to relax

freilassen

2394 to release

Ich muß **mich** dran **erinnern**.

2395 **Remember** to brush your teeth.

eine **entlegene** Insel

2396 remote island

Philipp **nimmt** den Hut **ab**.

2397 to remove

mieten

Wir **mieten** eine Wohnung. Wenn du kein Auto hast, kannst du eins **mieten**.

We rent an apartment. If you do not have a car, you can rent one.

2398 to rent

reparieren

2399 to repair

Der Papagei **wiederholt** jedes Wort.

2400 to repeat

ersetzen, auswechseln

2401 to replace

Sie **antwortet** auf seine Frage.

2402 to reply

das Reptil

2403   reptile

Kurt **rettet** die Katze.

2404   to rescue

das Reservoir

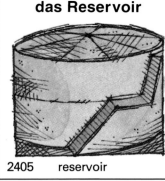

2405   reservoir

verantwortlich

Ulli, du bist für deinen kleinen Bruder **verantwortlich**.
Vati sieht die ausgegossene Milch und sagt: ''Wer ist dafür **verantwortlich**?''

Ulli, you are responsible for your little brother.
Father sees the spilt milk and says: ''Who is responsible for this?''

2406   responsible

sich ausruhen, ruhen

2407   to rest

die Gaststätte, das Restaurant

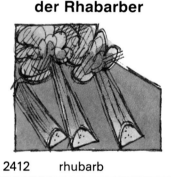

2408   restaurant

zurückgeben, zurückbringen, zurückkommen

Ulli **gibt** Kurt den Ball **zurück**.
Ulli **bringt** die Leihbücher immer **zurück**.
Ernst ist verreist, aber er **kommt** bald **zurück**.

Ulli returns the ball to Kurt.
Ulli always returns her library books.
Ernst is travelling but he will return soon.

2409   to return

im **Rückwärtsgang**

2410   reverse

das Nashorn

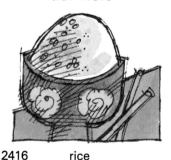

2411   rhinoceros

der Rhabarber

2412   rhubarb

der Abzähl**reim**

Eins, zwei, drei, vier,
fünf, sechs, sieben,
eine alte Frau kocht Rüben,
eine alte Frau kocht Speck,
und du bist weg!

2413   rhyme

die Rippe

2414   rib

Kannst du mit dem **Band** eine Schleife binden?

2415   ribbon

der Reis

2416   rice

reich, satt

Reiche Leute müssen immer den Armen helfen.
Dieses Band hat eine **satte**, rote Farbe.

The rich must always help the poor.
This ribbon is a rich, red colour.

2417   rich

Niemand kann dieses **Rätsel** lösen.

2418   riddle

ein Pferd **reiten**

2419   to **ride** a horse

der Grat, der Kamm

2420   ridge

meine **rechte** Hand

2421   my **right** hand

rechts, recht

Bieg an der Ecke **rechts** ab!
Es ist nicht **recht**, zu stehlen.
Ulli glaubt, sie hat immer **recht**.

Turn right at the corner.
It is not right to steal.
Ulli thinks she is always right.

2422   right

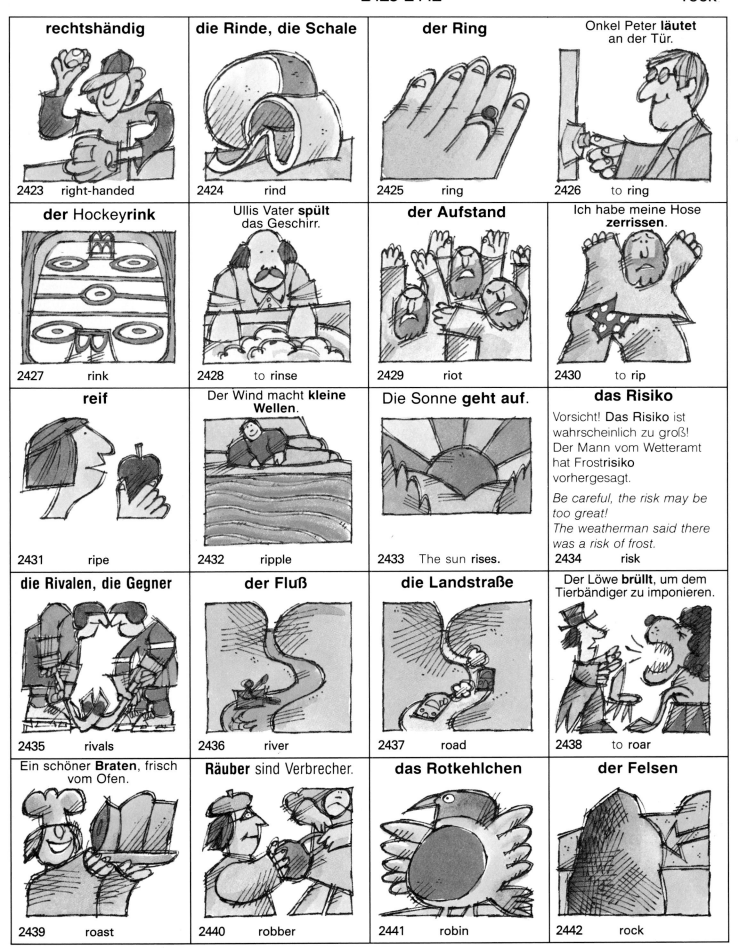

rechtshändig	**die Rinde, die Schale**	**der Ring**	Onkel Peter **läutet** an der Tür.
2423 right-handed	2424 rind	2425 ring	2426 to ring
der Hockey**rink**	Ullis Vater **spült** das Geschirr.	**der Aufstand**	Ich habe meine Hose **zerrissen**.
2427 rink	2428 to rinse	2429 riot	2430 to rip
reif	Der Wind macht **kleine Wellen**.	Die Sonne **geht auf**.	**das Risiko**
2431 ripe	2432 ripple	2433 The sun **rises**.	Vorsicht! **Das Risiko** ist wahrscheinlich zu groß! Der Mann vom Wetteramt hat Frost**risiko** vorhergesagt. *Be careful, the risk may be too great!* *The weatherman said there was a risk of frost.* 2434 risk
die Rivalen, die Gegner	**der Fluß**	**die Landstraße**	Der Löwe **brüllt**, um dem Tierbändiger zu imponieren.
2435 rivals	2436 river	2437 road	2438 to roar
Ein schöner **Braten**, frisch vom Ofen.	**Räuber** sind Verbrecher.	**das Rotkehlchen**	**der Felsen**
2439 roast	2440 robber	2441 robin	2442 rock

schaukeln	**die Rakete**	**der Schaukelstuhl**	**die Angel**
2443 to rock	2444 rocket	2445 rocking chair	2446 rod
die Rolle	**rollen**	**der Rollschuh**	**das Nudelholz**
2447 roll	2448 to roll	2449 roller skate	2450 rolling pin
Unser Haus hat **ein** Ziegel**dach**.	**das Zimmer**	**sich zum Schlaf niederlassen**	**die Wurzel**
2451 roof	2452 room	2453 to roost	2454 root
das Seil	**die Rose**	**der Rosmarin**	Karin hat **rosige** Wangen.
2455 rope	2456 rose	2457 rosemary	2458 rosy
ein **fauler** Apfel	ein **rauher** Stoppelbart	**rund**	vier Knöpfe in einer **Reihe**
2459 **rotten** apple	2460 rough	2461 round	2462 4 buttons in a **row**

Sie **rudert** schneller als Robert. **2463** to row	Der König ist Mitglied der **königlichen** Familie. **2464** royal	Bälle und Autoreifen werden aus **Gummi** hergestellt. **2465** rubber	**der Müll, die Abfälle** **2466** rubbish
der Rubin **2467** ruby	**das Ruder** **2468** rudder	Er ist **unverschämt**. **2469** He is rude.	**ein rauhes** Gelände **2470** rugged terrain
die Ruine einer alten Burg **2471** ruin	**die Herrschaft, die Regel** Manche Länder stehen unter der **Herrschaft** eines Königs. Ulli verstößt selten gegen **die Regeln**. *Some countries are under the rule of a king.* *Ulli seldom breaks the rules.* **2472** rule	Der König ist der **Herrscher**. **2473** ruler	Ich höre ein **Rumpeln**. **2474** I hear a rumble.
Er **läuft** wie aus der Pistole geschossen. **2475** to run	**weglaufen** **2476** to run away	**überfahren** **2477** to run over	**sich erschöpfen** **2478** to run out of energy
hetzen, hasten **2479** to rush	**der Rost** **2480** rust	**eine tiefe Radspur** **2481** rut	**der Roggen** **2482** rye

ein Sack Mehl

2483 sack

Mach es dir zum **heiligen** Prinzip, die Wahrheit zu sagen.

2484 Truth is a **sacred** principle.

traurig

2485 sad

der Sattel

2486 saddle

Was ist in dem **Safe**?

2487 safe

das Segel

2488 sail

das Windsurfbrett

2489 sailboard

das Segelboot

2490 sailboat/sailing boat*

der Matrose

2491 sailor

der Salat

2492 salad

der Ausverkauf

2493 sale

der Lachs

2494 salmon

Salz und Pfeffer

2495 salt

salutieren

2496 to salute

gleiche Kleider

2497 same

der Sand

2498 sand

die Sandale

2499 sandal

Ulli kann sich selbst **ein belegtes Brot** machen.

2500 sandwich

der Saft

2501 sap

Es gehen viele **Sardinen** in eine Büchse.	**der Satellit**	**das Satinkleid**	**Samstag**
2502 sardine	2503 satellite	2504 satin dress	**Samstag** ist der sechste Tag der Woche. **Samstag** ist ein Tag zum Spielen. Ulli mag **Samstage**. *Saturday is the sixth day of the week. Saturday is play day. Ulli likes Saturdays.* 2505 Saturday
die Sauce, die Soße	**die Wurst**	Ich **spare** mein Geld.	Diese **Säge** ist sehr scharf.
2506 sauce/gravy*	2507 sausage	2508 I save my money.	2509 saw
das Sägemehl	Ich **sage**, was ich denke.	**das Gerüst**	**sägen**
2511 sawdust	2512 I say what I think.	2513 scaffolding	2510 to saw
Gib acht, daß du dich nicht **verbrühst**!	**die Waage**	**die Kammuschel, die Jakobsmuschel**	**die Kopfhaut, der Skalp**
2514 to scald	2515 scale	2516 scallop	2517 scalp
der Mann mit der **Narbe**	Es macht ihr Spaß, ihm **Angst** zu **machen**.	**Die Vogelscheuche** vertreibt die Vögel.	**der Schal**
2518 scar	2519 to scare	2520 scarecrow	2521 scarf

scharlachrot

2522   scarlet

der Tatort

2523   scene of a crime

die Landschaft

2524   scenery

das Stipendium

2525   scholarship

Das ist Ullis **Schule**.

2526   school

der Schoner

2527   schooner

die Schere

2528   scissors

schaufeln

2529   to scoop

der Roller

2530   scooter

versengtes Papier

2531   scorched paper

ein Tor schießen

2532   to score

der Pfadfinder

2533   scout

die Papier**fetzen**

2534   scraps of paper

Mein Knie hat **eine Schramme**.

2535   scrape

das Kratzeisen, der Kratzer

2536   scraper

der Kratzer

2537   scratch

das Fliegenfenster

2538   screen

die Schraube

2539   screw

der Schraubenzieher

2540   screwdriver

Walter **scheuert** den Fußboden.

2541   to scrub

der Bildhauer

2542   sculptor

das Seepferdchen

2543   seahorse

Im Adriatischen **Meer** ist eine Menge Wasser.

2544   Adriatic sea

die Möwe

2545   seagull

der Seehund

2546   seal

die Naht, der Saum

2547   seam

suchen

2548   to search

der Scheinwerfer

2549   searchlight

die Jahreszeiten

Die vier Jahreszeiten sind:
Frühling
Sommer
Herbst
Winter

The four seasons are:
spring
summer
autumn
winter

2550   seasons

der Sitz

2551   seat

Ulli hat ihren **Sicherheitsgurt** angeschnallt.

2552   seatbelt

der Tang

2553   seaweed

der zweite

2554   second

Ich habe **ein Geheimnis**.

2555   I have a **secret**.

sehen

2556   to see

die Wippe

2557   see-saw

der Samen

2558   seed

Er **scheint** tot zu sein.

2559   It **seems** to be dead.

packen, anpacken

2560   to seize

Du bist **egoistisch**.

2561   You are **selfish**.

Irene verkauft Obst.

2562   to sell

---

der Halbkreis

2563   semicircle

---

absenden

2564   to send

Karin hat eine **empfindliche** Haut.

2565   sensitive skin

---

der Satz, die Strafe

Kannst du einen Satz machen?
Der Räuber hat eine Gefängnis**strafe** bekommen.

Can you make a sentence?
The robber received a prison sentence.

2566   sentence

---

der Wachtposten, die Wache

2567   sentry

September ist der neunte Monat des Jahres.

2568   September

---

servieren

2569   to serve

---

sieben

2570   seven

---

der siebente, der siebte

2571   seventh

---

mehrere

2572   several

---

nähen

2573   to sew

---

die Nähmaschine

2574   sewing machine

---

schäbig

2575   shabby

---

der Schuppen

2576   shack

---

der Schatten

2577   shadow

---

ein **zottiger** Hund

2578   shaggy

---

schütteln

2579   to shake

---

seichtes Wasser

2580   shallow water

Mutti wäscht sich die Haare mit **Shampoon**.

2581   shampoo

Wir werden **teilen**. 2582 to share	Lernt **der Haifisch** fliegen? 2583 shark	**scharf** 2584 sharp	**der Wetzstahl** 2585 knife sharpener
Das Glas ist **zerschmettert**. 2588 to shatter	**(sich) rasieren** 2589 to shave	**die Gartenschere, die Blechschere** 2590 shears	**die** Schlittschuh-**schleifmaschine** 2586 skate sharpener
die Scheide 2591 sheath	Ulli zählt **Schafe**, um einzuschlafen. 2592 sheep	**das Leintuch, das Laken** 2593 sheet	**der** Bleistift**spitzer** 2587 pencil sharpener
das Regal 2594 shelf	**die Muschel** 2595 shell	**die Zuflucht, der Unterstand** 2596 shelter	**der Hirt** 2597 shepherd
der Schild 2598 shield	**das Schienbein** 2599 shin	Die Sonne **scheint** hell. 2600 to shine	**die Schindel** 2601 shingle

Die Gürtelrose ist eine Krankheit.	**glänzend**	**das Schiff**	**der Schiffbruch**
2602 shingles	2603 shiny	2604 ship	2605 shipwreck
das Hemd	vor Kälte **zittern**	Man muß vorsichtig sein, daß man keinen **Schlag** bekommt.	**die Schuhe**
2606 shirt	2607 to shiver	2608 shock	2609 shoes
der Schnürsenkel	**der Schuster, der Schuhmacher**	**schießen**	**der Laden, das Geschäft**
2610 shoelace	2611 shoemaker	2612 to shoot	2613 shop
der Ladeninhaber, der Geschäftsinhaber	**das Schaufenster, die Auslage**	**die Küste, der Strand, das Ufer**	**kurz, klein**
2614 shopkeeper	2615 shop window	2616 shore	2617 short
die kurze Hose, die Shorts	**die Schulter**	**schreien**	Es ist unhöflich, jemanden beiseite zu **stoßen**.
2618 shorts	2619 shoulder	2620 to shout	2621 to shove

die Schnee**schaufel**

2622　　shovel

zeigen

2623　　to show

großtun

2624　　to show off

Er ist endlich **erschienen**.

2625　　to show up/appear*

Klaus nimmt **eine Dusche**.

2626　　shower

kreischen

2627　　to shriek

die Krevette

2628　　shrimp

eingehen

2629　　to shrink

der Busch, der Strauch

2630　　shrub

das Mischen

2631　　shuffle

die Fensterläden

2632　　shutters

schüchtern

2633　　shy

krank

2634　　sick

die Seite

2635　　side

Der Gehweg ist nur
für Fußgänger.

2636　sidewalk/pavement*

seufzen

2637　　to sigh

das Zeichen, das Schild

2638　　sign

ein Signal geben

2639　　to signal

die Unterschrift

2640　　signature

still

Ulli ist nicht sehr oft **still**.
Eine **stille** Nacht ist eine
ruhige Nacht.

*Ulli is not silent very often.
A silent night is a quiet
night.*

2641　　silent

das Fensterbrett, das Gesims

2642   sill

albern

Jörg meint, daß Ulli albern ist.
Ulli meint, daß Jörg noch alberner ist.

Jörg thinks Ulli is silly.
Ulli thinks Jörg is the sillier of the two.

2643   silly

das Silber

2644   silver

einfach

Es ist die Wahrheit, klar und einfach.
Es gibt eine einfache Lösung.

It is the truth, pure and simple.
There is a simple solution.

2645   simple

singen

2646   to sing

die Einzahl, der Singular

"Ein" oder "eine" ist Einzahl oder Singular.
"Mehrere" ist Mehrzahl oder Plural.

"One" is singular.
"Several" is plural.

2647   singular

das Spülbecken

2648   sink

Wenn du nicht schwimmen wirst, gehst du unter.

2649   to sink

Margit nippt von ihrem Getränk.

2650   to sip

die Sirene

2651   siren

die Schwester

2652   sister

sitzen

2653   to sit

sechs

2654   six

die sechste

2655   sixth

Gibt es das in meiner Größe?

2656   size

eislaufen, Schlittschuh laufen

2657   to skate

das Skateboard

2658   skateboard

Ein Skelett im Schrank?

2659   skeleton

skizzieren

2660   to sketch

die Schier, die Skier

2661   skis

schilaufen, skilaufen	**ausrutschen, schleudern**	**die Haut**	**seilspringen**
2662 to ski	2663 to skid	2664 skin	2665 to skip
der Kapitän	**der Rock**	**der Schädel**	Ich sehe weiße Wolken am **Himmel**.
2666 skipper/captain*	2667 skirt	2668 skull	2669 sky
die Feldlerche	**Ein Wolkenkratzer** ist ein sehr hohes Gebäude.	Bruno hat die Tür **zugeschlagen**.	ein **schiefer** Fußboden
2670 skylark	2671 skyscraper	2672 to slam	2673 slanting floor
ohrfeigen, schlagen	Zorro **haut** um sich.	**die Schiefertafel**	**der Schlitten, der Rodel**
2674 to slap	2675 to slash	2676 slate	2677 sled/sleigh*
Zorro **schläft**.	**der Schlafsack**	Paul ist **schläfrig**.	**der Eisregen, der Schneeregen**
2678 to sleep	2679 sleeping bag	2680 sleepy	2681 sleet

der Ärmel

2682   sleeve

die Rutsche, die Rutschbahn

2683   slide

schlank

2684   slim

eine **schleimige** Kreatur

2685   slimy

Er hat den Arm in einer **Schlinge**.

2686   sling

die Schleuder

2687   slingshot/catapult*

ausrutschen

2688   to slip

der Pantoffel

2689   slipper

---

schlüpfrig

2690   slippery

Ist das aber **ein Schlamper!**

2691   slob

der Hang

2692   slope

der Schlitz

2693   slot

Latsch nicht so!

2694   to slouch

langsamer fahren

Das Auto **fährt langsamer** um die Ecke.
Fahr langsamer, Vati! Du fährst zu schnell.

The car slows down round the corner.
Slow down, Father! You are going too fast.

2695   to slow down

der Matsch

2696   slush

klein

2697   small

---

gescheit, schlau, schick

Ulli glaubt, sie ist sehr **gescheit**, weil sie ihre Prüfung bestanden hat.
Das war **schlau** von uns.
Sie trägt ein **schickes** Kleid.

Ulli thinks she is very smart because she passed her exam.
This was smart of us.
She is wearing a smart dress.

2698   smart/clever*

Zertrümmer nicht die Uhr!

2699   to smash

schmieren, beschmieren

2700   to smear

Heinz **riecht** die Blume.

2701   to smell

So ein **übelriechendes** Stinktier!	Jemand, der **raucht**, riecht manchmal ärger als ein Stinktier.	**glatt** Ulli läuft Schlittschuh auf sehr **glattem** Eis. Ein guter Pilot landet sein Flugzeug immer **glatt**. *Ulli is skating on very smooth ice.* *A good pilot always lands his plane smoothly.*	**einen Imbiß zu sich nehmen, naschen**
2702 smelly	2703 to smoke	2704 smooth	2705 to have a snack
die Schnecke	**die Schlange**	**entzweibrechen**	**die Trainingschuhe, die Sportschuhe**
2706 snail	2707 snake	2708 to snap	2709 sneakers/trainers*
niesen	**der Schnorchel**	**der Schnee**	**die Schneeflocke**
2710 to sneeze	2711 snorkel	2712 snow	2713 snowflake
die Schneeschuhe	Wasch dich mit Wasser und **Seife**!	**Fußball** heißt in Amerika Soccer.	**die Socke**
2714 snowshoes	2715 soap	2716 soccer	2717 sock
die Steckdose	**das Sofa**	**weich** und kuschelig	**der Soldat**
2718 socket	2719 sofa/couch*	2720 soft	2721 soldier

die Seezunge	Sie **löst** das Problem.	einen Purzelbaum machen, einen Überschlag machen	der Sohn
2722 sole	2723 She **solves** the problem.	2724 to **somersault**	2725 son

der Gesang, das Lied	**bald**	der Zauberer	Ich habe einen **wehen** Arm.
	Es wird **bald** finster sein. Ulli wird **bald** nach Hause kommen. Ulli hat ihre neue Puppe **bald** satt bekommen.		
	Soon it will be dark. *Ulli will come home soon.* *She soon tired of her new doll.*		
2726 song	2727 soon	2728 sorcerer	2729 My arm is **sore**.

Der Sauerampfer ist sehr schmackhaft.	Es tut Rex echt **leid**.	sortieren	die Suppe
2730 sorrel	2731 sorry	2732 to **sort**	2733 soup

sauer	der Süden, Süd	**Die Sau** ist die Mutter der Ferkel.	säen
2734 sour	2735 south	2736 sow	2737 to sow

das Raumschiff	der Spaten	Vati **versohlt** Jürgen den Hintern.	Jedes Auto muß **einen Reservereifen** haben.
2738 spaceship	2739 spade	2740 to **spank**	2741 spare tire/tyre*

der Funke, der Funken	Ihre Ringe **funkeln** in der Sonne.	**der Spatz, der Sperling**	Sie **sprechen** beide deutsch.
2742 spark	2743 to sparkle	2744 sparrow	2745 to speak
der Speer	Man kann eine Schildkröte kaum **beschleunigen**.	**buchstabieren**	**ausgeben**
2746 spear	2747 to speed up	2748 to spell	2749 to spend
Eine Kugel ist rund.	stark **gewürzt**	**Die Spinne** spinnt ein Netz.	**der Stachel**
2750 sphere	2751 spicy	2752 spider	2753 spike
vergießen, ausschütten	**sich drehen, treiben**	**der Spinat**	**Die Wirbelsäule** nennt sich auch **das Rückgrat**.
2754 to spill	2755 to spin	2756 spinach	2757 spine
die Spirale	**der Kirchturm**	**Spucken** ist keine gute Manier!	**platschen, planschen**
2758 spiral	2759 spire	2760 to spit	2761 to splash

Die Späne fliegen nur so.

2762   splinter

verdorbenes Obst

2763   spoiled/rotten* fruit

der Schwamm

2764   sponge

eine Spule Zwirn

2765   spool/reel*

der Löffel

2766   spoon

Wie ist dieser **Fleck** hierhergekommen?

2767   spot

der Schnabel

2768   spout

Ulli hat sich den Fuß **verstaucht**.

2769   to sprain

besprühen, sprühen

2770   to spray

streichen

2771   to spread

die Feder

2772   spring

Der Frühling ist endlich wieder da.

2773   spring

streuen, bestreuen

2775   to sprinkle

rennen, sprinten

2776   to sprint

die Fichte

2777   spruce

Das Wasser sprudelt aus **der Quelle** hervor.

2774   spring

das Quadrat

2778   square

der Kürbis

2779   squash

kauern

2780   to squat

Ulli **drückt** ihren Freund fest an sich.

2781   to squeeze

der Tintenfisch	**das Eichhörnchen**	**spritzen, bespritzen**	Die Pferde sind im **Stall**.
2782 squid	2783 squirrel	2784 to squirt	2785 stable
eine Tänzerin auf **der Bühne**	**der Fleck**	**die Treppe, die Stiege**	**der Holzpflock**
2786 stage	2787 stain	2788 staircase	2789 wooden stake
altbacken Altbackenes Brot ist hart und trocken. *Stale bread is dry and hard.*	**die Selleriestange**	**Der Hengst** ist ein männliches Pferd.	**die Briefmarke**
2790 stale bread	2791 celery stalk	2792 stallion	2793 stamp
stehen	**der Stern**	Ulli **starrt** dich an.	**der Star**
2794 to stand	2795 star	2796 to stare	2797 starling
den Motor **anlassen**	**verhungern, vor Hunger sterben** Wenn Ulli sagt:"Ich **verhungere**", meint sie, sie hat Hunger. Du wirst nicht **vor Hunger sterben**, Ulli. *When Ulli says "I'm starving", she means that she is hungry. You will not starve, Ulli.*	**die Tankstelle**	**der Bahnhof, die Station**
2798 to start a car	2799 to starve	2800 gas/petrol* station	2801 train/railway* station

die Statue
2802   statue

Bleib dort!
2803   Stay there!

das Steak
2804   steak

stehlen
2805   to steal

der Dampf
2806   steam

Messer werden aus **Stahl** hergestellt.
2807   Kinves are made of **steel**.

steil
2808   steep

der Stier
2809   steer/bullock*

der Stiel
2811   stem

die Stufe
2812   step

Eva ist in die Pfütze **hineingetreten**.
2813   to step in

steuern, lenken
2810   to steer

Vati hat zum Abendessen einen **Eintopf** gemacht.
2815   stew

ein dürrer Zweig
2816   stick

auf eine Minute **hinausgehen**
2814   to step out

Davids Hände sind **klebrig**.
2817   sticky

steif
Onkel Johann hat ein steifes Bein.
Kannst du die Ohren steif- halten?

Uncle Johann has a stiff leg.
Can you keep a stiff upper lip?
2818   stiff

Es **brennt** sehr.
2819   to sting

der Bienen**stich**
2820   sting

stinken
2821   to stink

Rühr es um, bevor du kostest.

2822   to stir

die **Strümpfe**

2823   stockings

heizen, schüren

2824   to stoke

der **Magen**

2825   stomach

Es ist gefährlich, **Steine** zu werfen.

2826   stone

der **Schemel**

2827   stool

Sie **bückt sich**, um den Ball aufzuheben.

2828   to stoop/bend down*

Stopp! Halt!

2829   stop

der **Laden, das Geschäft**

2832   store/shop*

Hat dieser **Storch** Ulli gebracht?

2833   stork

der **Sturm**

2834   storm

Er **hält** den Zug **an**.

2830   He stops the train.

Tante Gisela liest **eine Geschichte** vor.

2835   story

der **Herd**

2836   stove/cooker*

gerade

2837   straight

die **Zwischenlandung**

2831   to stop over

seihen, durchseihen

2838   to strain

sich anstrengen, sich abmühen

2839   to strain

ein sehr **seltsames** Tier

2840   strange

Kurt war zu neugierig. . .Jetzt **würgt** der Affe ihn.

2841   to strangle

der Träger	der Strohhalm	die Erdbeere	der Bach
2842 strap	2843 straw	2844 strawberry	2845 stream

der Wimpel	die Straße	die Straßenlaterne	Wie weit läßt sie sich **auseinanderziehen**?
2846 streamer/pennant*	2847 street	2848 street light/lamp*	2849 to stretch

die Tragbahre	der Streik	Freunde **schlagen** sich nicht.	die Schnur
	Die Arbeiter sind in den **Streik** getreten, um höhere Löhne durchzusetzen. *The workers went on strike to gain higher wages.*		
2850 stretcher	2851 strike	2852 to strike	2853 string

viele **Streifen**	stark	der Schüler	studieren
2854 stripe	2855 strong	2856 student	2857 to study

ein **ausgestopftes** Tier	der Stumpf	**Das Unterseeboot** fährt unter Wasser.	**abziehen, subtrahieren**
2858 a **stuffed** animal	2859 stump	2860 submarine	2861 to subtract

lutschen	**plötzlich**	Zuviel **Zucker** ist ungesund.	**der Anzug**
2862 to suck	Plötzlich fing es an zu regnen. Paula ging **plötzlich** fort. *Suddenly, it began to rain.* *Paula left suddenly.* 2863 suddenly	2864 sugar	2865 suit
der Koffer	**der Sommer**	**die Sonne**	**Sonntag**
2866 suitcase	2867 summer	2868 sun	**Sonntag** ist einer der sieben Tage der Woche. *Sunday is one of the seven days of the week.* 2869 Sunday
Eine Sonnenuhr zeigt die Zeit an, nur wenn die Sonne scheint. 2870 sundial	**Die Sonnenblume** kehrt sich immer der Sonne zu. 2871 sunflower	**der Sonnenaufgang** 2872 sunrise	**der Sonnenuntergang** 2873 sunset
Wir kaufen im **Supermarkt** ein. 2874 supermarket	**das Abendessen, das Nachtmahl** 2875 supper/dinner*	**sicher** Ich bin **sicher**, daß morgen ein sonniger Tag sein wird. Ulli wird **sicher** morgen hingehen. Das ist ein **sicherer** Weg zum Gewinn. *I am sure tomorrow will be a sunny day.* *Ulli will go there tomorrow for sure.* *This is a sure way to win.* 2876 sure	**die Oberfläche** 2877 surface
der Chirurg 2878 surgeon	**der Familienname** Mein Vorname ist Ulli und mein **Familienname** ist Huber. *My first name is Ulli and my surname is Huber.* 2879 surname	**die Überraschung**party 2880 surprise party	**sich ergeben** 2881 to surrender

Sie haben mich **umringt**.

2882   to surround

der Hosenträger,
die Hosenträger

2883   suspenders/braces*

verschlingen, schlucken

2884   to swallow

der Schwan

2885   swan

tauschen

2886   to swap

ein **Schwarm** zorniger
Bienen

2887   swarm

schwitzen

2888   to sweat

der Pullover, der Sweater

2889   sweater/sweatshirt*

kehren

2890   to sweep

süß

2891   sweet

Der Wagen mußte um die
Katze **einen Bogen machen**.

2892   to swerve

Andreas kann gut
schwimmen.

2893   to swim

die Schaukel

2894   swing

schaukeln

2895   to swing

der Schalter

2896   switch

**anmachen, abschalten,
tauschen**

Bitte **mach** das Licht **an**!
Es ist am besten, wir **schalten** den
Fernseher **ab**.
Tauschen wir Plätze, damit du
besser siehst?

*Switch on the light, please.
It is best to switch off the
television.
Shall we switch seats so you can
see better?*

2897   to **switch**

herabstoßen, niederstoßen

2898   to swoop

das Schwert

2899   sword

die Sykomore

2900   sycamore

Pfannkuchen und
Ahorn**sirup**

2901   syrup

der Tisch

2902   table

das Tischtuch

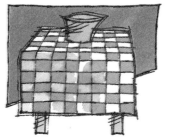

2903   tablecloth

die Tablette, die Pille

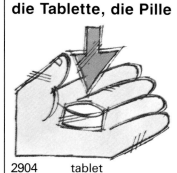

2904   tablet

der Reißnagel, die Reißzwecke

2905   tack

in Angriff nehmen, zu Boden bringen

Ulli muß dieses Problem bald in Angriff nehmen.
Adam brachte den gegnerischen Spieler zu Boden.

Ulli must tackle that problem soon.
Adam tackled the opposing player.

2906   to tackle

Aus **Kaulquappen** werden Frösche.

2907   tadpole

der Schwanz

2908   tail

nehmen

2910   to take

auseinandernehmen

2911   to take apart

wegnehmen

2912   to take away

zurücknehmen

2913   to take back

abnehmen

2914   to take off

starten, abfliegen

2915   to take off

herausnehmen, hinaustragen

2916   to take out

Daniel bringt das Essen aus dem **Schnellimbiß** hinaus.

2917   take-out/take-away*

der Schneider

2909   tailor

Frau Schmidt erzählt **eine** schöne **Geschichte**.

2918   tale

das Talent

Sylvia hat großes schauspielerisches Talent.
Ulli und Sylvia treten in der Talentshow auf.

Sylvia has a great talent for acting.
Ulli and Sylvia perform in the talent show.

2919   talent

reden

2920   to talk

groß

2921   tall

das Tamburin

2922   tambourine

Zirkuslöwen sind **zahm**.

2923   tame

Sie ist schön braun.

2924   tan

die Mandarine

2925   tangerine

verwickelt, verheddert

2926   tangled

**das Reservoir, der Tank,
der Wasserspeicher**

2927   tank

der Tanker

2928   tanker

Dieser **Hahn** tropft.

2929   tap

**das Klebeband,
der Klebestreifen**

2930   tape

**mit Klebestreifen
befestigen**

2931   to tape

das Tonbandgerät

2932   tape recorder

der Teer

2933   tar

die Zielscheibe, das Ziel

2934   target

der Estragon

2935   tarragon

die Torte

2936   tart

Seine **Aufgabe** ist, den
Boden zu fegen.

2937   task

kosten

2938   to taste

schmackhaft

Das Essen hier ist sehr
schmackhaft.

The food is very tasty here.

2939   tasty

das Taxi

2940   taxi

eine Tasse Tee	Fräulein Schulz **unterrichtet** uns in der Schule.	Sie ist unsere **Lehrerin**.	Sie sind alle Mitglieder derselben **Mannschaft**.
2941 a cup of **tea**	2942 to **teach**	2943 **teacher**	2944 **team**
die Teekanne	**die Träne**	**reißen, abreißen**	**Reiß** niemals eine Seite **heraus!**
2945 **teapot**	2946 **tear**	2947 to **tear**	2948 to **tear out**
das Telegramm	**das Telefon**	**telefonieren**	**das Teleskop**
2949 **telegram**	2950 **telephone**	2951 to **telephone**	2952 **telescope**
Der Bildschirm des **Fernsehers** muß besser eingestellt werden.	**erzählen**	**das Temperament** Heinz hat **ein** schlechtes Temperament. Er kann sein **Temperament** nicht beherrschen. *Heinz has a bad temper. He cannot control his temper.*	**die Temperatur**
2953 **television**	2954 to **tell**	2955 **temper**	2956 **temperature**
zehn Äpfel	ein **Tennis**schläger und -ball	der **Tennis**schuh	Ulli schläft gern in **einem Zelt**.
2957 **ten** apples	2958 **tennis** racquet and ball	2959 **tennis** shoe	2960 **tent**

die zehnte	**das Terminal**	das Wasser **ausprobieren**	**danken**
2961 tenth	2962 terminal	2963 to **test** the water	2964 to **thank**
Der Boden **taut** im Frühling **auf**.	**das Theater**	**dort**	**der Thermometer**
2965 to **thaw**	2966 theater/theatre*	2967 there	2968 thermometer
dick	**der Dieb**	**der Schenkel**	**der Fingerhut**
2969 thick	2970 thief	2971 thigh	2972 thimble
dünn	**das Ding** Eine Person ist kein **Ding**. Ulli sagt komische **Dinge**. *A person is not a thing.* *Ulli says funny things.*	**denken**	**die dritte**
2973 thin	2974 thing	2975 to **think**	2976 third
durstig	**die Distel**	**Ein Dorn** kann weh tun.	**der Zwirn**
2977 thirsty	2978 thistle	2979 thorn	2980 thread

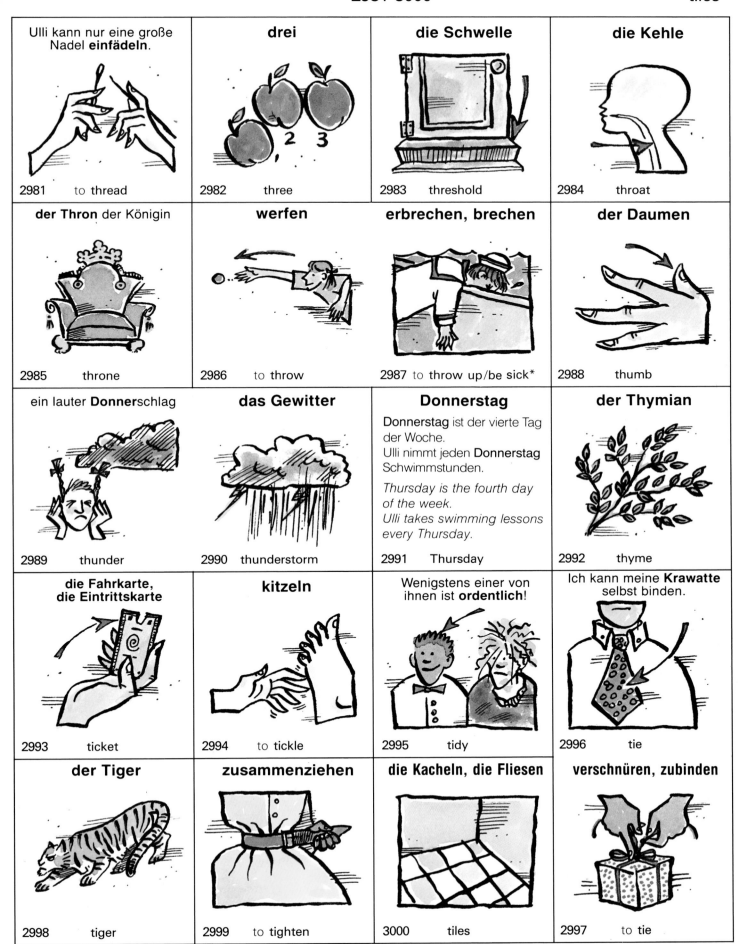

Ulli kann nur eine große Nadel einfädeln.

2981   to thread

drei

2982   three

die Schwelle

2983   threshold

die Kehle

2984   throat

der Thron der Königin

2985   throne

werfen

2986   to throw

erbrechen, brechen

2987   to throw up/be sick*

der Daumen

2988   thumb

ein lauter **Donner**schlag

2989   thunder

das Gewitter

2990   thunderstorm

Donnerstag

Donnerstag ist der vierte Tag der Woche.
Ulli nimmt jeden Donnerstag Schwimmstunden.

*Thursday is the fourth day of the week.
Ulli takes swimming lessons every Thursday.*

2991   Thursday

der Thymian

2992   thyme

die Fahrkarte, die Eintrittskarte

2993   ticket

kitzeln

2994   to tickle

Wenigstens einer von ihnen ist **ordentlich**!

2995   tidy

Ich kann meine **Krawatte** selbst binden.

2996   tie

der Tiger

2998   tiger

zusammenziehen

2999   to tighten

die Kacheln, die Fliesen

3000   tiles

verschnüren, zubinden

2997   to tie

Das Boot neigt sich gefährlich.

3001   to tilt

Wieviel Uhr ist es?
Wie spät ist es?

3002   What **time** is it?

winzig

3003   tiny

Das Boot ist umgekippt.

3004   to tip

auf Zehenspitzen gehen

3006   tiptoe

Unser Auto braucht neue Reifen.

3007   tire/tyre*

müde

3008   tired

ein Trinkgeld geben

3005   to tip

die Kröte

3009   toad

Toast mit Marmelade

3010   toast

der Toaster

3011   toaster

heute

Die Schule fängt **heute** an.
Heute ist Muttertag.
Mach deine Hausaufgaben
heute!

School starts today.
Today is Mother's Day.
Do your homework today.

3012   today

die Zehen

3013   toes

Wir sitzen zusammen.

3014   We are sitting **together**.

die Toilette, das Klo, das Klosett

3015   toilet

die Tomate

3016   tomato

das Grab

3017   tomb

morgen

Morgen ist auch ein Tag.
Ulli wird **morgen** im
Museum die Dinosaurier
sehen.

Tomorrow is another day.
Ulli is going to see
dinosaurs at the museum
tomorrow.

3018   tomorrow

die Zange

3019   tongs

Es ist sehr unanständig, die Zunge herauszustrecken.

3020   tongue

Er wiegt **eine Tonne**.	die Mandeln	die Werkzeuge	der Zahn
3021 It weighs a **ton**.	3022 tonsils	3023 tools	3024 tooth
das Zahnweh, die Zahnschmerzen	die Zahnbürste	die Zahnpasta, die Zahnpaste	der höchste Punkt
3025 toothache	3026 toothbrush	3027 toothpaste	3028 top
Die Bausteine **sind zusammengefallen**.	**die** olympische **Fackel**	der Tornado	Der Kreisel tanzt.
3030 to topple	3031 torch	3032 tornado	3029 top
der reißende Strom	die Schildkröte	Konrad **wirft** ihr den Ball zu.	berühren
3033 torrent	3034 tortoise	3035 to toss	3036 to touch
Ich bin **knallhart**.	abschleppen	Ullis **Handtuch** ist naß.	**der** höchste **Turm** der Welt
3037 I am tough.	3038 to tow	3039 towel	3040 tower

Diese **Stadt** ist nicht weit von Ullis Heim.
3041 town

Bitte heb deine **Spielsachen** auf!
3042 toys

pausen, durchzeichnen
3043 to trace

das Geleise, das Gleis
3044 track

der Traktor
3045 tractor

tauschen
3046 to trade

sehr dichter **Verkehr**
3047 traffic

die Verkehrsampel
3048 traffic light

die Fährte, die Spur
3049 trail

In **dem Anhänger** ist ein Pferd!
3050 trailer

der Zug
3051 train

Sie hat Rex gut **abgerichtet**.
3052 to train

der Tramp, der Landstreicher
3053 tramp

Zertrampel nicht die Blumen!
3054 to trample

das Trampolin
3055 trampoline

Ullis Mutti ist nicht **durchsichtig**.
3056 transparent

transportieren
3057 to transport

der Transporter
3058 transporter/lorry*

die Falle
3059 trap

das Trapez
3060 trapeze

Tante Vera **reist**
mit der Bahn.

3061   to travel

ein Tablett voller Getränke

3062   tray

das Profil

3063   tread

der Schatz

3064   treasure

der Baum

3065   tree

Jutta **zittert** vor Angst.

3066   to tremble

der Graben

3067   trench

die Gerichtsverhandlung

3068   trial

Ein Dreieck hat
drei Seiten.

3069   triangle

der Trick

3070   trick

Das Wasser **tröpfelt**.

3071   to trickle

das Dreirad

3072   tricycle

der Abzug

3073   trigger

stutzen

3074   to trim

eine kurze **Reise**

3075   a short trip

stolpern

3076   to trip

der Trolleybus, der Obus

3077   trolley bus

Ein Fohlen **trabt** und
galoppiert gern.

3078   to trot

der Trog

3079   trough

die Hose

3080   trousers

die Forelle

3081   trout

die Kelle

3082   trowel

der Lastwagen

3083   truck/lorry*

wahr, richtig

Ist es **wahr**, daß Ulli das ganze
Meer durchschwommen hat?
Richtig oder falsch?
Ist das eine **wahre**
Geschichte?

*Is it true that Ulli swam across
the whole ocean?*
True or false?
Is that a true story?

3084   true

die Trompete

3085   trumpet

der Koffer

3086   trunk

der Stamm

3087   trunk

der Rüssel

3088   trunk

Sie **vertrauen** einander.

3089   to trust

Ich bin froh, daß du **die
Wahrheit** gesagt hast.

3090   truth

versuchen,
auf die Probe stellen

Versuch, dich zu erinnern, wo du
deine Sachen hingelegt hast.
Ulli, **stell** meine Geduld nicht **auf
die Probe!**
Du mußt es nochmals **versuchen.**

*Try to remember where you put
your things.*
Ulli, do not try my patience!
You must try again.

3091   to try

die Wanne

3092   tub

das Rohr

3093   tube

Dienstag

Dienstag ist der zweite Tag
der Woche.
Ulli hat jeden **Dienstag**
Klavierstunde.

*Tuesday is the second day
of the week.*
*On Tuesdays, Ulli has piano
lessons.*

3094   Tuesday

ziehen, mit aller
Kraft ziehen

3095   to tug

Tulpen blühen
im Frühling.

3096   tulip

Gerd **purzelt** auf dem
Boden herum.

3097   to tumble

der Tunnel

3098   tunnel

der Truthahn

3099   turkey

drehen

3100   to turn

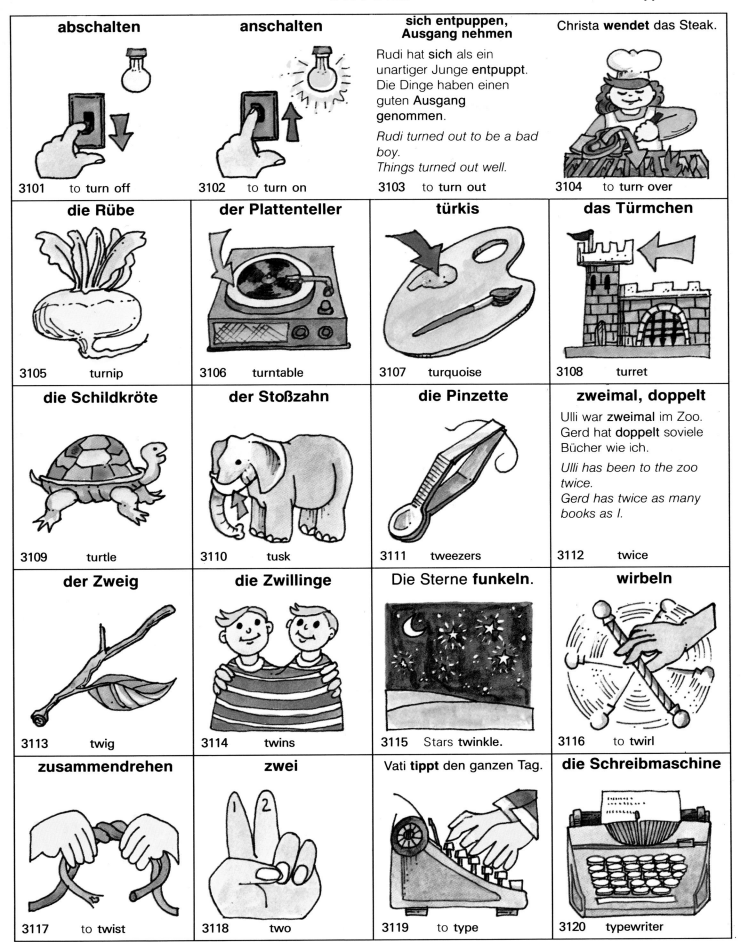

abschalten

3101   to **turn off**

anschalten

3102   to **turn** on

sich entpuppen, Ausgang nehmen

Rudi hat **sich** als ein unartiger Junge **entpuppt**. Die Dinge haben einen guten **Ausgang** genommen.

Rudi turned out to be a bad boy.
Things turned out well.

3103   to **turn out**

Christa **wendet** das Steak.

3104   to **turn** over

die Rübe

3105   turnip

der Plattenteller

3106   turntable

türkis

3107   turquoise

das Türmchen

3108   turret

die Schildkröte

3109   turtle

der Stoßzahn

3110   tusk

die Pinzette

3111   tweezers

zweimal, doppelt

Ulli war **zweimal** im Zoo. Gerd hat **doppelt** soviele Bücher wie ich.

Ulli has been to the zoo twice.
Gerd has twice as many books as I.

3112   twice

der Zweig

3113   twig

die Zwillinge

3114   twins

Die Sterne **funkeln**.

3115   Stars **twinkle**.

wirbeln

3116   to **twirl**

zusammendrehen

3117   to **twist**

zwei

3118   two

Vati **tippt** den ganzen Tag.

3119   to **type**

die Schreibmaschine

3120   typewriter

Sie ist häßlich, aber sehr lieb!

3121   ugly

der Regenschirm

3122   umbrella

der Onkel

Mein **Onkel** ist der Bruder meiner Mutter.
Mein anderer **Onkel** ist der Bruder meines Vaters.

My uncle is my mother's brother.
My other uncle is my father's brother.

3123   uncle

---

unter

Ich gehe **unter** keinen Umständen hin.
Ulli versteckt sich **unter** der Decke.
Kinder **unter** 5 können dort nicht hingehen.

I am not going there under any circumstances.
Ulli is hiding under the covers.
Children under 5 cannot go there.

3124   under

verstehen

3125   to understand

die Unterwäsche

3126   underwear

sich ausziehen

3127   to undress

---

unglücklich

3128   unhappy

Das Einhorn kommt nur in Fabeln vor.

3129   unicorn

Onkel Richard trägt **eine Uniform**.

3130   uniform

die Universität

3131   university

---

abladen, entladen

3132   to unload

aufsperren, aufschließen

3133   to unlock

auspacken

3134   to unwrap

aufrecht

3135   upright

---

verkehrt, mit dem Kopf nach unten

3136   upside-down

Mutti **verwendet** Pfeffer beim Kochen.

3137   to use

Sie hat den ganzen Pfeffer **aufgebraucht**.

3138   to use up

ein sehr **nützliches** Taschenmesser

3139   useful

ein Urlaub an der Sonne

3140　　vacation/holiday*

der Dampf

3141　　vapor/vapour*

Kurt **lackiert** das Holz, damit es glänzt und lang hält.

3142　　to varnish

die Vase

3143　　vase

das Kalbfleisch

3144　　veal

das Gemüse

3145　　vegetable

das Kraftfahrzeug

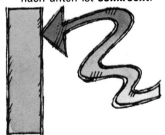

3146　　vehicle

Gusti trägt einen **Schleier** vor dem Gesicht.

3147　　veil

die Ader, die Vene

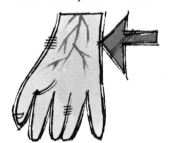

3148　　vein

der Giftstoff

Der Giftstoff in manchen Schlangen macht sie gefährlich.
Manche Insekten haben auch **Giftstoffe** in sich.

*Venom makes certain snakes poisonous.
Some insects also have venom.*

3149　　venom

Eine gerade Linie von oben nach unten ist **senkrecht**.

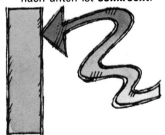

3150　　vertical

sehr

Ulli meint, ihr Bruder Karl ist **sehr** gescheit.
Die Suppe wird **sehr** bald bereit sein.
Rex ist ein **sehr** netter Hund.

*Ulli thinks her brother Karl is very clever.
Very soon the soup will be ready.
Rex is a very nice dog.*

3151　　very

die Weste

3152　　vest/waistcoat*

Ein Veterinär ist ein Tierarzt.

3153　　veterinarian/veterinary surgeon*

das Opfer eines Verbrechens

3154　　victim

Videorecorder wird oft mit VR abgekürzt.

3155　　video recorder

So geht man doch mit einem **Videoband** nicht um!

3156　　video tape

der Ausblick, die Sicht

Als Emma und Ulli campen gingen, hatten sie einen schönen **Ausblick** vom Gipfel.
Jeder sieht die Dinge aus seiner **Sicht**.

*When Emma and Ulli went camping, they had a nice view from the top.
We each have our own point of view.*

3157　　view

das Dorf

3158　　village

der Bösewicht

3159   villain

Weintrauben wachsen auf der **Rebe**.

3160   vine

Ulli hat gern **Essig** auf ihren Pommes frites.

3161   vinegar

---

das Veilchen

3162   violet

---

die Violine

3163   violin

Man braucht **ein Visum**, um ins Ausland zu reisen.

3164   visa

---

sichtbar

Es ist heute abend sehr bewölkt und die Sterne sind kaum **sichtbar**.
Der Unsichtbare Mann ist überhaupt nicht **sichtbar**.

There are many clouds tonight and the stars are barely visible.
The Invisible Man is not visible at all.

3165   visible

Rolf **besucht** seine kranke Tante.

3166   to visit

---

der Augenschirm

3167   visor

---

der Wortschatz

Wer einen guten **Wortschatz** hat, kennt viele Wörter.
Ein guter **Wortschatz** ist sehr wichtig.

Someone with a good vocabulary knows many words.
A good vocabulary is very important.

3168   vocabulary

---

die Stimme

3169   voice

---

der Vulkan

3170   volcano

---

der Volleyball

3171   volleyball

---

die Freiwillige, die Volontärin

3172   volunteer

---

erbrechen, brechen

3173   to vomit

---

wählen

3174   to vote

---

der Wähler

3175   voter

---

der Vokal

Die Buchstaben A, E, I, O, U und Y sind die einzigen **Vokale** im Alphabet.

A, E, I, O, U and Y are the only vowels in the alphabet.

3176   vowel

---

eine lange See**reise**

3177   voyage

---

der Geier

3178   vulture

Herbert watet direkt hinein.

3179　　to wade

die Waffel

3180　　waffle

das Fuhrwerk

3181　　wagon/cart*

jammern

3182　　to wail

die Taille

3183　　waist

Karola wartet auf den Autobus.

3184　　to wait

Mutti weckt ihn auf.

3185　　to wake

gehen, zu Fuß gehen, spazierengehen

3186　　to walk

die Mauer

3187　　wall

das Portemonnaie

3188　　wallet

die Walnuß

3189　　walnut

das Walroß

3190　　walrus

der Zauberstab

3191　　wand

wandern

3192　　to wander

mögen, wollen

Wer **möchte** noch Maisflocken oder Müsli?
Vati **will**, daß Ulli beim Abwaschen hilft.
Sie **möchte** helfen, aber es ist kein Wasser da.

Who wants more cereal?
Father wants Ulli to help wash the dishes.
She wants to help but there is no water.

3193　　to want

Ulli haßt den Krieg.

3194　　war

die Garderobe

3195　　wardrobe

das Lagerhaus, das Lager

3196　　warehouse

warm

3197　　warm

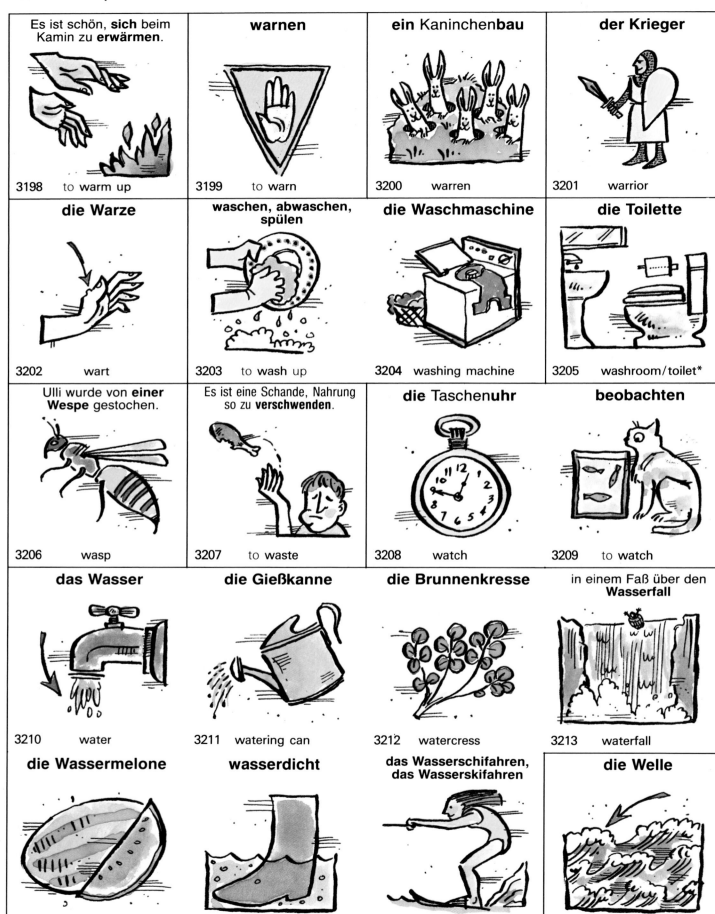

Es ist schön, **sich** beim Kamin zu **erwärmen**.

3198   to warm up

warnen

3199   to warn

ein Kaninchen**bau**

3200   warren

der Krieger

3201   warrior

die Warze

3202   wart

waschen, abwaschen, spülen

3203   to wash up

die Waschmaschine

3204   washing machine

die Toilette

3205   washroom/toilet*

Ulli wurde von **einer Wespe** gestochen.

3206   wasp

Es ist eine Schande, Nahrung so zu **verschwenden**.

3207   to waste

die Taschen**uhr**

3208   watch

beobachten

3209   to watch

das Wasser

3210   water

die Gießkanne

3211   watering can

die Brunnenkresse

3212   watercress

in einem Faß über den **Wasserfall**

3213   waterfall

die Wassermelone

3214   watermelon

wasserdicht

3215   waterproof

das Wasserschifahren, das Wasserskifahren

3216   waterskiing

die Welle

3217   wave

Käte **winkt** ihren Freunden zu.

3218   to **wave**

Sie hat **welliges** Haar.

3219   wavy

das Wachs

3220   wax

schwach

3221   weak

Waffen sind gefährlich.

3222   weapon

tragen

3223   to **wear**

das Wiesel

3224   weasel

Wie ist **das Wetter**?

3225   weather

weben

3226   to **weave**

der Schwimmfuß

3227   web foot

die Hochzeit

3228   wedding

der Keil

3229   wedge

Mittwoch

Mittwoch ist der dritte Tag der Woche.
Ulli trägt jeden **Mittwoch** den Müll hinaus.

Wednesday is the third day of the week.
On Wednesdays, Ulli takes out the garbage.

3230   Wednesday

Wir haben **Unkraut** im Garten.

3231   weed

Jede **Woche** hat sieben Tage.

3232   week

das Wochenende

Tante Vera kommt uns dieses **Wochenende** besuchen.
Der Mann vom Wetteramt sagt, es wird am **Wochenende** regnen.

Aunt Vera will visit us this weekend.
The weatherman says it will rain on the weekend.

3233   weekend

Er **weint**, weil er traurig ist.

3234   to **weep**

wiegen

3235   to **weigh**

seltsam, unheimlich

3236   weird

Kim **heißt** ihren Freund **willkommen**.

3237   to **welcome**

der Ziehbrunnen
3238   well

Ich fühle mich **wohl**.
3239   I feel **well**.

Wenn N (Nord) oben ist, dann ist W (West) links.
3240   west

naß
3241   wet

der Wal, der Walfisch
3243   whale

der Kai
3244   wharf

was
Was ist mit Miezes Pelz passiert?
Ulli, **was** hast du mit deiner Katze gemacht?
Was ist los mit dir?

What has happened to Mieze's fur?
Ulli, what did you do to your cat?
What is it with you?

3245   what

naß machen
3242   to **wet**

der Weizen
3246   wheat

das Rad
3247   wheel

der Schubkarren
3248   wheelbarrow

der Rollstuhl
3249   wheelchair

wann, wenn
Vati, **wann** kommt Tante Vera?
Wenn das Wochenende anfängt.
Wann ist das?

When is Aunt Vera coming, Father?
When the weekend starts.
When is that?

3250   when

wo
Wir haben uns verirrt und Mutti hat keine Ahnung, **wo** wir sind.
Ich weiß, **wo** es ist, aber ich kann es trotzdem nicht finden.

We are lost and Mother has no idea where we are.
I know where it is but I still cannot find it.

3251   where

Welches?
3252   which one

quengeln
3253   to whine

die Peitsche
3254   whip

der Ziegenmelker, die Nachtschwalbe
3255   whippoorwill

der Schneebesen
3256   whisk

Katzen haben **Schnurrhaare**.
3257   whisker

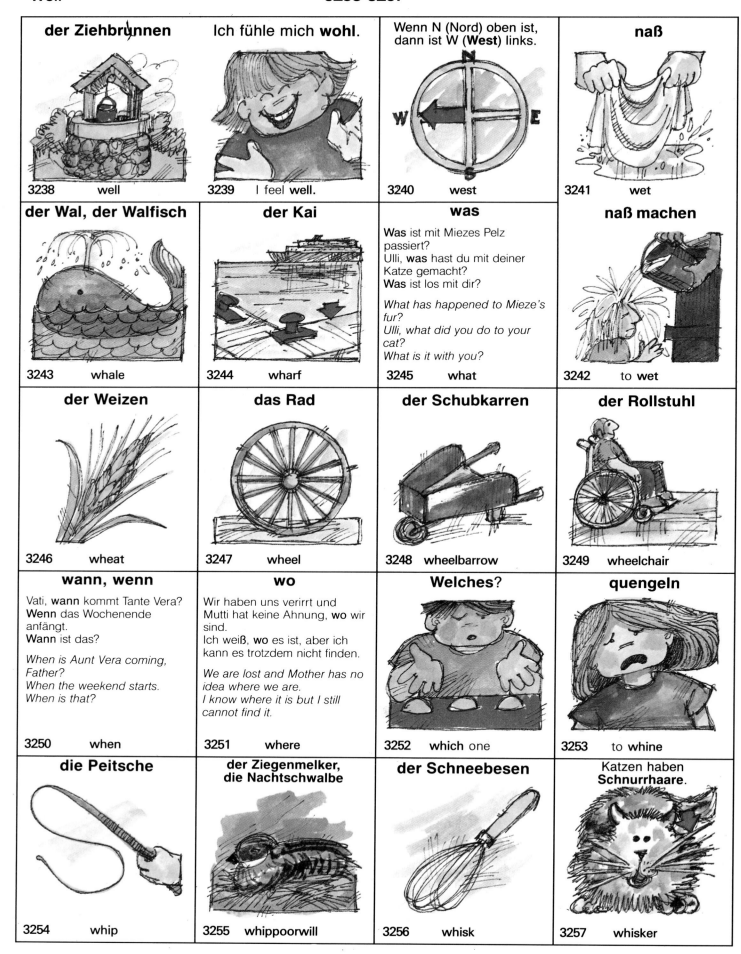

Ulli **flüstert** ihrer Freundin ins Ohr.

3258   to **whisper**

die Pfeife

3259   whistle

pfeifen

3260   to **whistle**

weiß

3261   white

Wer geht?

3262   **Who** is going?

warum, weshalb

Ich möchte wissen, **warum** Ulli meine Krawatte genommen hat.
Weshalb kann sie sich nicht erinnern?

I want to know why Ulli took my tie.
Why can she not remember?

3263   why

Der Docht brennt langsam.

3264   wick

böse

3265   wicked

breit

3266   wide

die Ehefrau, die Frau, die Gattin

3267   wife

Der Löwe ist ein **wildes** Tier.

3268   The lion is a **wild** animal.

die Weide

3269   willow

Die Blume **verwelkt**, wenn du vergißt, sie zu begießen.

3270   to **wilt**

listig, schlau

3271   wily

gewinnen, siegen

3272   to **win**

Herbert **zuckt** vor Schmerz **zusammen**.

3273   to **wince**

der Wind

3274   wind

aufziehen

3275   to **wind**

die Windjacke

3276   windbreaker

die Windmühle

3277   windmill

das Fenster

3278   window

die Windschutzscheibe

3279   windshield/windscreen*

Wein ist nur für Erwachsene.

3280   wine

der Flügel

3281   wing

Die Eule zwinkert dir zu.

3282   to wink

der Winter

3283   winter

Bitte wisch es sauber.

3284   to wipe

Vögel auf den Drähten

3285   wire

weise, klug

Der Großvater ist ein weiser alter Mann.
Hältst du es für klug, daß Ulli allein im Wald spaziert?

*Grandfather is a wise old man.
Do you think it is wise for Ulli to walk in the forest alone?*

3286   wise

der Wunsch

3287   to make a wish

die Hexe

3288   witch

der Hexenmeister

3289   wizard

der Wolf

3290   wolf

ein Mann und eine Frau

3291   woman

sich wundern, sich Gedanken machen

3292   to wonder

ein wundervolles Feuerwerk

3293   wonderful

das Holz

3294   wood

Der Specht frißt Insekten.

3295   woodpecker

der Wald

3296   woods

die Holzarbeit

3297   woodwork

die Wolle

3298   wool

Er hat **ein** sonderbares **Wort** gesagt.

GLÜRP

3299   word

Es gibt viele verschiedene Arten von **Arbeit**.

3300   work

arbeiten

3301   to work

die Werkstatt

3303   workshop

die Welt

3304   world

der Wurm

3305   worm

trainieren

3302   to work out

Mutti **sorgt sich** um Ulli.

3306   to worry

die Wunde

3307   wound

einpacken

3308   to wrap

der Blumenkranz

3309   wreath

das Wrack

3310   wreck

der Zaunkönig

3311   wren

ringen

3312   to wrestle

auswinden

3313   to wring

das Handgelenk

3314   wrist

die Armbanduhr

3315   wristwatch

schreiben

3316   to write

falsch, unrecht

Mir scheint, unser Autobus fährt den **falschen** Weg.
Es ist **unrecht**, zu schwindeln und zu lügen.

I think our bus is going the wrong way.
It is wrong to cheat and to lie.

3317   wrong

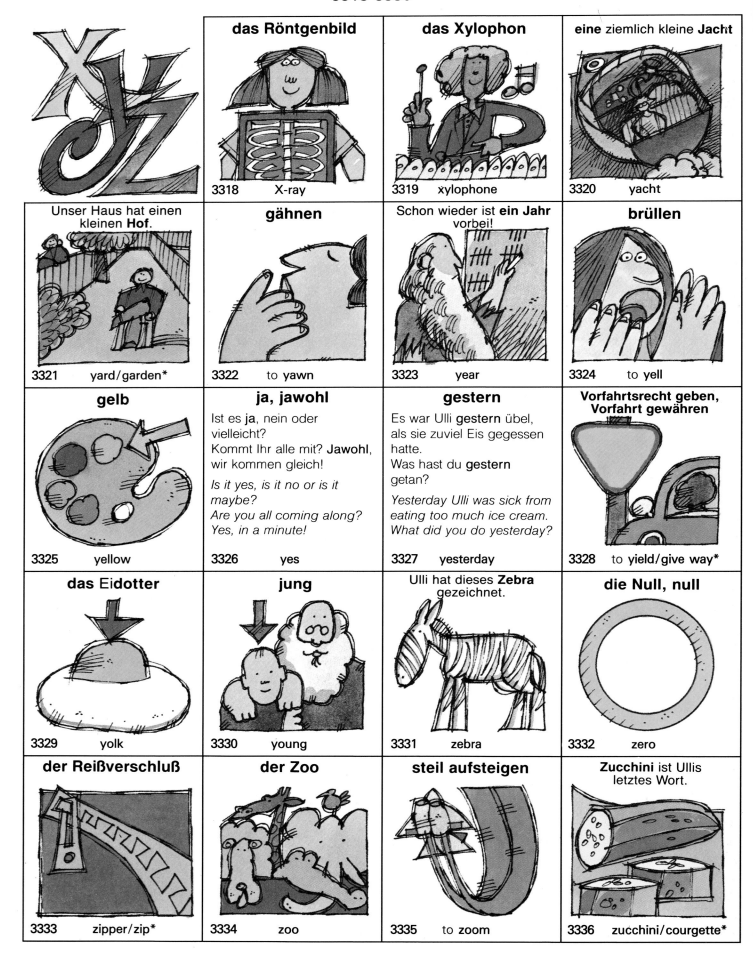

	das Röntgenbild	**das Xylophon**	**eine** ziemlich kleine **Jacht**
	3318 X-ray	3319 xylophone	3320 yacht

Unser Haus hat einen kleinen **Hof.**	**gähnen**	Schon wieder ist **ein Jahr** vorbei!	**brüllen**
3321 yard/garden*	3322 to yawn	3323 year	3324 to yell

gelb	**ja, jawohl**	**gestern**	**Vorfahrtsrecht geben, Vorfahrt gewähren**
	Ist es **ja**, nein oder vielleicht? Kommt Ihr alle mit? **Jawohl**, wir kommen gleich! *Is it yes, is it no or is it maybe? Are you all coming along? Yes, in a minute!*	Es war Ulli **gestern** übel, als sie zuviel Eis gegessen hatte. Was hast du **gestern** getan? *Yesterday Ulli was sick from eating too much ice cream. What did you do yesterday?*	
3325 yellow	3326 yes	3327 yesterday	3328 to yield/give way*

das Eidotter	**jung**	Ulli hat dieses **Zebra** gezeichnet.	**die Null, null**
3329 yolk	3330 young	3331 zebra	3332 zero

der Reißverschluß	**der Zoo**	**steil aufsteigen**	**Zucchini** ist Ullis letztes Wort.
3333 zipper/zip*	3334 zoo	3335 to zoom	3336 zucchini/courgette*

a

Aal (der) 875
Abakus (der) 1
Abbildung (die) 1427
Abend essen (zu) 871
Abend vor Allerheiligen
  (der) 1243
Abenddämmerung
  (die) 854
Abendessen (das) 772,
  2875
Abenteuer (das) 23
aber 393
Abfall (der) 1103
Abfälle
  verstreuen 1665
Abfälle (die) 2466
abfliegen 2915
Abfluß (der) 815
abgeben 499, 746, 838
abgehen 588
abladen 851, 3132
ablehnen 2385
abmühen (sich) 2839
abnehmen 2397, 2914
abräumen 542
abreißen 2947
abrichten 3052
absagen 410
abschalten 2897, 3101
abschießen 1586
abschleppen 3038
abschneiden 546
Abschußrampe
  (die) 1587, 1989
abseits 78
absenden 2564
abstützen 2261
abwaschen 3203
Abwaschwasser
  (das) 786
abwesend 4
Abzeichen (das) 146
abziehen 2861
Abzug (der) 3073
Achse (die) 139
Achselhöhle (die) 98
acht 878
achte 879

Achteck (das) 1933
ächzen 1208
addieren 16
Ader (die) 3148
Adler (der) 858
Admiral (der) 18
Adresse (die) 17
Affe (der) 79, 1825
Afrika 25
Akrobatin (die) 14
Aktentasche (die) 349
Akzent (der) 6
albern 2643
Album (das) 43
all 46
allein 51
Alligator (der) 48
Alphabet (das) 54
Alptraum (der) 1913
alt 1944
altbacken 2790
Alter (das) 30
Aluminium (das) 58
Ambulanz (die) 60
Ameise (die) 71
Amsel (die) 261
Ananas (die) 2126
anbieten 1939
anfangen 224
Anfangsbuchstabe
  (der) 1440
angeben 330
Angel (die) 1334,
  2446
Angelhaken (der) 1007
angeln 1006
angemessen 2366
angenehm 2158
Angst haben 24
Angst machen 1074,
  2519
anhalten 1245, 2830
Anhänger (der) 3050
Anker (der) 62
anklagen 492
ankommen 102
anlassen 2798
Anlegesteg (der) 797
Anleitung (die) 1450
anmachen 2897
anmelden (sich) 2387

anpacken 559, 1207,
  2560
Anrichte (die) 697
anrufen 411
anschalten 3102
anschnallen 960
Ansichtskarte
  (die) 2210
anstatt 1449
ansteckend 1437
Anstreicher (der) 2000
anstrengen (sich) 2839
Antarktis (die) 72
Antilope (die) 73
Antwort (die) 70
antworten 2402
Anweisung (die) 1450
anwesend 2229
anzeichnen 1737
anziehen (sich) 822
Anzug (der) 2865
anzünden 1638
Apfel (der) 84
Apfelbutzen (der) 85
Apfelsine (die) 1958
Apotheke (die) 2097
Apothekerin (die) 2096
applaudieren 83, 537
Aprikose (die) 87
April (der) 88
Aquarium (das) 90
Äquator (der) 905
Arbeit (die) 1490, 3300
arbeiten 3301
Architekt (der) 92
argumentieren 2365
Arktis (die) 93
arm 2195
Arm (der) 95
Armaturenbrett
  (das) 732
Armband (das) 329
Armbanduhr (die) 3315
Ärmel (der) 2682
arrangieren 100
Art (die) 1528
artig 2188
Artischocke (die) 104
Arznei (die) 1765
Arzt (der) 798
As (das) 10

Aschantinuß (die) 2060
Asche (die) 107
Aschenbecher
  (der) 108
Asien 109
Aspirin (das) 113
Ast (der) 1648
Astronaut (der) 115
Astronom (der) 116
Atem (der) 341
Athletin (die) 118
Atlas (der) 119
atmen 342
Atmosphäre (die) 120
Atom (das) 121
Aubergine (die) 877
auch 57
auf 1947
auf dem Wasser
  treiben 1026
auf die Probe
  stellen 3091
Auf Wiedersehen
  1168
auf Zehenspitzen
  gehen 3006
aufbrauchen 3138
aufbrechen 1049
Aufgabe (die) 2937
aufgeben 1717, 2208
aufgehen 2433
aufhängen 1259, 1261
aufheben 2103
aufladen 492
auflösen (sich) 788
aufmachen 1953
aufpassen 123
aufprallen 320
aufrecht 3135
aufrichtig 1357
aufsagen 2372
aufschließen 3133
aufsperren 3133
Aufstand (der) 2429
aufstehen 1133
aufsteigen 1844
auftauen 2965
aufwerfen 2340
aufziehen 3275
Aufzug (der) 886
Auge (das) 932

g

h

Klebestreifen (der) 2930
klebrig 2817
Klee (der) 554
Kleid (das) 551, 821
Kleiderbügel
  (der) 1263
Kleiderpuppe
  (die) 1056
Kleiderständer
  (der) 2327
Kleidung (die) 1972
klein 1666, 2617, 2697
Kleine (der) 1519
kleine Welle (die) 2432
Kleingeld (das) 485
Klempner (der) 2167
klettern 544
Klinge (die) 265
Klinik (die) 545
Klippe (die) 543
Klo (das) 3015
klopfen 1545, 2218,
  2343
Klosett (das) 3015
klug 3286
Klumpen (der) 529
knabbern 1906
Knallbonbon
  (das) 1000
knallen 2196
knallen lassen 2196
knallhart 3037
Knie (das) 1540
knien 1541
Knoblauch (der) 1107
Knöchel 67
Knochen (der) 303
Knopf (der) 397, 1544
Knospe (die) 370
Knoten (der) 1546
knurren 1220
Koala (der) 1549
Koch (der) 619
kochen 301
Köcher (der) 2321
Köder (der) 148
Koffer (der) 2866, 3086
Kohl (der) 399
Kohle (die) 563
Kokosnuß (die) 569
Kolibri (der) 1398

komisch 1089
Komma (das) 591
kommen 587
Kommode (die) 401,
  823
Kompaß (der) 597
komponieren 598
Komponist (der) 599
Komposition (die) 600
Kondukteur (der) 606
Konferenz (die) 1768
König (der) 1530
Königin (die) 2312
königlich 2464
können 1547
Konsonant (der) 614
Konstellation (die) 616
Kontinent (der) 617
konzentrieren
  (sich) 602
Konzert (das) 603
Kopf (der) 1287
Köpfe
  zusammenstecken
  (die) 1395
Kopfhaut (die) 2517
Kopfsalat (der) 1624
Kopfsprung machen
  (einen) 793
Kopfstütze (die) 1289
Kopfweh (das) 1288
kopieren 624
Koralle (die) 625
Korb (der) 188
Korbball (der) 189
Korken (der) 627
Korkenzieher (der) 628
Korn (das) 1515
Körnchen (das) 2031
Körper (der) 300
Korridor (der) 632,
  1244, 2036
Kosmonaut (der) 633
kosten 2938
Kostüm (das) 634,
  953
Kotflügel (der) 976
Krabbe (die) 653
Kraftstoff (der) 1083
Kragen (der) 576
Krähe (die) 681

Krake (der) 1935
Kram (der) 1509
Kran (der) 658
Kranich (der) 657
krank 1425, 2634
Krankenauto (das) 60
Krankenhaus
  (das) 1382
Krankenwagen
  (der) 60
Krankheit (die) 782
Kranz (der) 3309
kraß 1215
Kratzeisen (das) 2536
Kratzer (der) 2536,
  2537
Kraut (das) 1314
Krawatte (die) 2996
Kreatur (die) 666
Krebs (der) 662
Kreide (die) 483
Kreis (der) 532
kreischen 2627
Kreisel (der) 3029
Kreuz (das) 678
Kreuzung (die) 1453
Krevette (die) 2628
kriechen 661
Krieg (der) 3194
Krieger (der) 3201
Kristall (der) 690
Krokodil (das) 672
Krokus (der) 673
Krone (die) 683
krönen 684
Kröte (die) 3009
Krücke (die) 688
Kruke (die) 1480
Krume (die) 685
Kruste (die) 687
Küche (die) 1536
Kuchen (der) 2109
Kuckuck (der) 693
Kugel (die) 377, 2750
Kuh (die) 650
kühl 622
Kühlschrank
  (der) 1072, 2384
Kuli (der) 2074
Kunde (der) 708
Künstler (der) 105

Kunststoff (der) 2149
Kupfer (das) 623
Kuppel (die) 802
Kupplung (die) 558
Kürbis (der) 2283,
  2779
Kurve (die) 235, 706
kurz 2617
kurze Hose (die) 2618
kuschelig 1091
Kusine (die) 647
Kuß (der) 1535
küssen 1534
Küste (die) 565, 2616
Kuvert (das) 903

Laboratorium
  (das) 1551
Labyrinth (das) 1755
lachen 1584
Lachs (der) 2494
lackieren 3142
laden 1671
Laden (der) 2613, 2832
Ladeninhaber
  (der) 2614
Lager (das) 3196
Lagerfeuer (das) 304
Lagerhaus (das) 3196
lahm 1562
Laib (der) 1673
Laken (das) 2593
Lamm (das) 1561
Lampe (die) 1563
Land (das) 642, 643,
  1566
landen 1567
Landkarte (die) 1730
Landschaft (die) 2524
Landstraße (die) 2437
Landstreicher
  (der) 3053
lang 1685
langsamer fahren 2695
langweilen 311
Lanze (die) 1565
Lärche (die) 1574

m

Schubkarren (der) 3248
Schublade (die) 818
schüchtern 2633
Schuh (der) 2609
Schuhmacher (der) 2611
Schuld geben (die) 266
Schuld (die) 965
schuld 1226
schulden 1980
schuldig 1226
schuldig sein 1980
Schule (die) 2526
Schüler (der) 2856
Schulter (die) 2619
Schuppen (der) 2576
schüren 2824
Schürze (die) 89
Schüssel (die) 324
Schuster (der) 2611
schütteln 2579
schütten 2219
Schutthalde (die) 850
Schutzbrille (die) 1163
schwach 3221
Schwamm (der) 2764
Schwan (der) 2885
schwanger 2228
Schwanz (der) 2908
Schwarm (der) 1027, 2887
Schwärmer (der) 1000
schwarz 259
schwarze Johannisbeere (die) 263
Schwein (das) 2113
Schweinefett (das) 1575
Schweinestall (der) 2115
Schwelle (die) 2983
schwer 1299
Schwerkraft (die) 1193
Schwert (das) 2899
Schwertlilie (die) 1463
Schwester (die) 2652
Schwimmbad (das) 2193
schwimmen 2893

Schwimmfuß (der) 3227
Schwimmsand (der) 2315
schwindeln 498
schwindlig 795
schwitzen 2888
sechs 2654
Sechseck (das) 1322
sechste 2655
See (der) 1560
Seehund (der) 2546
Seejungfrau (die) 1774
Seepferdchen (das) 2543
Seeräuber (der) 2129
Seezunge (die) 2722
Segel (das) 2488
Segelboot (das) 2490
Segelflugzeug (das) 1154
sehen 2556
sehr 3151
seicht 2580
Seife (die) 2715
Seifenschaum (der) 1583
seihen 2838
Seil (das) 626, 2455
seilspringen 2665
sein 199
Seite (die) 1993, 2635
Sellerie (die) 469
Selleriestange (die) 2791
selten 2345
seltsam 2840, 3236
Senf (der) 1866
senkrecht 3150
September (der) 2568
servieren 2569
Serviette (die) 1874
Sessel (der) 96
seufzen 2637
Shampoon (das) 2581
Shorts (die) 2618
sicher 478, 2876
Sicherheitsgurt (der) 2552
Sicherung (die) 1094
Sicht (die) 3157

sichtbar 3165
sieben 2570
Siebeneck (das) 1313
siebente 2571
siebte 2571
sieden 301
siegen 3272
Signal geben (ein) 2639
Silber (das) 2644
Sims (das) 1607
singen 2646
Singular (der) 2647
Sirene (die) 2651
Sirup (der) 2901
Sitz (der) 2551
sitzen 2653
Skalp (der) 2517
Skateboard (das) 2658
Skelett (das) 2659
Ski (der) 2661
Skihütte (die) 1680
skilaufen 2662
skizzieren 2660
so 106
Socke (die) 2717
Sockel (der) 183
Sofa (das) 637, 2719
Sohn (der) 2725
Soldat (der) 2721
Sommer (der) 2867
Sommersprosse (die) 1067
Sonne (die) 2868
Sonnenaufgang (der) 2872
Sonnenblume (die) 2871
Sonnenuhr (die) 2870
Sonnenuntergang (der) 2873
Sonntag (der) 2869
sorgen 440
sorgen (sich) 3306
sortieren 2732
Soße (die) 2506
Span (der) 517, 2762
sparen 2508
Spargel (der) 112
Spaß (der) 1085
Spaten (der) 2739

Spatz (der) 2744
spazierengehen 3186
Specht (der) 3295
Speck (der) 144
Speer (der) 2746
Speisekarte (die) 1772
Sperling (der) 2744
Sperrholz (das) 2171
Spiegel (der) 1805
Spiegelbild (das) 2383
Spiel (das) 1098
spielen 2154
Spielkarte (die) 2156
Spielplatz (der) 2155
Spielsachen (die) 3042
Spinat (der) 2756
Spinne (die) 2752
Spinnwebe (die) 567
Spirale (die) 573, 2758
Spital (das) 1382
Spitze (die) 1552, 2177
Spitzer (der) 2587
Spitzhacke (die) 2104
spitzig 2178
Spitzname (der) 1909
Sportschuh (der) 2709
Spottdrossel (die) 1816
spotten 1815
Sprache (die) 1571
sprechen 2745
sprengen 270
Sprichwort (das) 2268
springen 320, 1500
Springer (der) 1503
Springmaus (die) 1125
sprinten 2776
spritzen 2784
sprühen 2770
Sprung (der) 654
spucken 2760
Spülbecken (das) 2648
Spule (die) 2765
spülen 2428, 3203
Spülwasser (das) 786
Spur (die) 3049
Stab (der) 3191
Stachel (der) 2318, 2753
Stachelbeere (die) 1170